인싸의 시대,

그들은 무엇에 지갑을 여는가?

기업의 성패를 좌우하는 요즘 대세의 소비트렌드
인싸의 시대, 그들은 무엇에 지갑을 여는가?

초판 1쇄 발행 2019년 10월 20일
초판 2쇄 발행 2021년 4월 30일

지은이 노준영
펴낸이 백광옥
펴낸곳 천그루숲
등 록 2016년 8월 24일 제25100-2016-000049호

주소 (06990) 서울시 동작구 동작대로29길 119
전화 0507-1418-0784 팩스 050-4022-0784
이메일 ilove784@gmail.com

마케팅 백지수
인쇄 예림인쇄 제책 예림바인딩

ISBN 979-11-88348-53-4 (13320) 종이책
ISBN 979-11-88348-54-1 (15320) 전자책

이 도서의 국립중앙도서관 출판예정도서목록(CIP)은 서지정보유통지원시스템 홈페이지(http://seoji.nl.go.kr)와
국가자료공동목록시스템(http://www.nl.go.kr/kolisnet)에서 이용하실 수 있습니다.
(CIP제어번호 : CIP2019038823)

기업의 성패를 좌우하는
요즘 대세의 소비트렌드

인싸의 시대,
그들은 무엇에 지갑을 여는가?

노준영 지음

천그루숲

당신은 '요즘 대세'에 대해 얼마나 알고 있는가? 요즘 소위 '잘 나간다는 것들'에 대한 이야기가 나오면 그 대화에서 주도권을 쥘 수 있는가? 이 물음에 대해 자신 있게 'YES'를 외칠 수 있다면 당신은 '인싸'다. 하지만 대답을 망설이고 우물쭈물한다면 당신은 '아싸'일 가능성이 높다. 그런데 여기서 혹시 '인싸'와 '아싸'가 무엇인지 모른다면 문제는 더 심각해진다. 뒤에서 다시 설명하겠지만 '인싸'는 인사이더, '아싸'는 아웃사이더의 줄임말이고, 인싸는 무리에 잘 섞이며 유행에 잘 따르는 사람들을 말한다.

지금은 인싸가 유행을 만들고, 인싸가 소비의 흐름을 만든다. 새로운 게 등장하기도 하고, 기존에 있었던 것들이 재해석되어 새롭게 주목받기도 한다. 최신 트렌드에 민감할 수밖에 없는 대중들은 소위 '핫'하다는 대세의 흐름을 보며 민감하게 반응한다. 특히 트렌드를 따라가려면 대세에 맞춘 소비가 필요한데, 이들은 잘 나가는 아이템을 구비하고 인기 있는 콘텐츠를 소비하는데 인색하지 않다. 어디 이 뿐이랴. 각종 미디어를 통해 대세로 소개되면 대세를 찾아다니며 지갑을 여는 움직임 또한 적극적이다. 인싸들은 그렇게 대중들의 소비 트렌드를 유도하며 오늘도 돈의 흐름을 리드하고 있다.

그래서 '요즘 대세'는 소비트렌드를 알아내는데 가장 좋은 수단이다. 대중들은 당연히 대세에 돈을 쓰고 싶어 한다. 한물간 것과 인기 없는 것에 돈을 쓰고 싶은 사람은 없다. 힘들게 번 돈, 당연히 의미 있고 특별해지는 데 쓰고 싶은 게 사람의 마음이다. 그래서 의미와 주목을 부르는 소비는 대세에서 시작된다.

이 책은 대세를 읽어내 대중들의 소비트렌드를 알고 싶은 사람들을 위한 책이다. 소비트렌드를 바탕으로 각종 계획을 수립하고, 세상에 대한 감각을 늘리며, 더 많은 수익을 창출하기 위한 전략을 짠다.

이 책에서는 수많은 트렌드 중에서 특히 '인싸'와 '소비'에 밀접한 키워드만을 선별했다. 방탄소년단, 역주행, 플랫폼, 큐레이션, 1인 칭 사회, 스토리텔링, 짤, 덕질, 감성마케팅, 레트로 등 총 10가지다. Part 1에서는 방탄소년단이 글로벌 인싸가 된 이유부터 시작해 역주행과 플랫폼의 변화, 큐레이션 서비스와 1인칭 사회에 대한 이야기를 통해 지금의 인싸들이 무엇에 주목하고 있는지 살펴보았다. 그리고 Part 2에서는 스토리텔링과 짤의 매력, 덕질 문화의 확산, 감성마케팅의 지속적인 인기, 그리고 레트로 열풍을 통해 요즘 인싸들이 무엇에 의해, 무엇을 위해 소비하고 있는지 정리해 보았다.

물론 이런 트렌드 자체가 돈을 만들지는 않는다. 하지만 그 흐름을 읽는다면 인싸들이 소비를 위해 기꺼이 지갑을 여는 요즘 세상 트렌드가 무엇인지 알 수 있다. 이렇게 알아낸 지식들은 핵심대중, 즉 인싸들의 지갑을 열기 위한 전략을 수립하는데 큰 도움이 되리라 확신한다.

이 책을 만들기까지 많은 분들의 도움이 있었다. 그분들을 일일이 열거하기는 어렵지만 필자의 서투른 부분을 물심양면으로 채워준 모든 분들에게 진심으로 감사의 마음을 전한다.

노준영

Part 1

인싸의 탄생, 요즘 대세는 무엇에 주목하는가?

1장   글로벌 인싸 BTS, 세계는 왜 그들에게 주목하는가?

요즘 대세를 읽으면 트렌드가 보인다

트렌드를 읽고 선도하는 존재, 우리는 그들을 '인싸'라고 부른다. 인싸의 사전적 정의는 '무리에 잘 섞여 노는 사람들'을 말한다. 무리에 잘 섞이려면 요즘 세상 돌아가는 걸 남들보다 잘 알아야 한다. 또 요즘 세상 돌아가는 걸 알려면 소위 잘 나간다는 것들에 대해 해박한 지식을 갖춰야 한다. 그리고 이렇게 해박한 지식을 갖추려면 트렌드에 맞게 돈을 쓰며 요즘 사람들의 세상을 몸소 체험해 봐야 한다. 그렇게 인싸가 완성된다.

인싸는 그래서 소비흐름을 주도하는 무리다. 인싸들의 소비는 곧 요즘 대세로 이어지며, 그들의 소비를 쫓다 보면 요즘 잘 나가는 것들이 무엇인지 알 수 있다. 즉, 요즘 사람들이 돈을 쓰고 공감하는 키워드가 뭔지 알고 싶다면 인싸들의 움직임에 주목해야 하는 것이다.

경쟁도 치열하고 남의 돈을 벌기도 참 어려운 시대다. 가끔은 흐름을 제대로 파악하지 못해 좌절하는 경우도 생기며, 한 끗만 차이가 났어도 성공할 수 있었을 법한 아쉬운 경우도 발생한다. 어쩌면 이런 사실들 때문에 우리가 인싸를 더 알아야 하는지 모르겠다.

세상에는 두 종류의 인싸가 있다. 요즘 세상의 흐름을 적극적으로 쫓아가며 돈을 쓰는 사람들, 소위 잘 나간다는 상품과 콘텐츠에 관심을 보이며 기꺼이 지갑을 여는 사람들, 그들이 바로 첫 번째 인싸다. 그리고 이런 사람들의 마음을 정확히 읽어내는 사람들, 즉 인싸의 마음을 읽어 새로운 콘텐츠와 상품을 내놓아 수익을 창출하는 사람들이 또다른 종류의 인싸다.

지독한 경쟁에서 살아남으려면, 그리고 빠르게 돌아가는 세상에서 뒤처지지 않으려면 이제라도 인싸들의 이야기에 귀를 기울여야 한다. 인싸들의 움직임을 읽고 센스를 기르면 그 또한 새로운 개념의 인싸가 된다. 세상 돌아가는 움직임을 완벽히 파악한, 트렌드 세터형 인싸가 되는 것이다. 또 치열한 조직에서 버텨내며 남들보다 잘 나가고 싶다면 인싸를 아는 인싸가 되는 건 이제 필수조건이다.

요즘 대세는 소비의 흐름과 직결되다 보니 세상은 인싸들의 마음을 읽은 인싸가 내놓은 콘텐츠와 상품을 인싸들이 소비하며 흘러간다. 그러니 돈을 만들고 소비의 흐름을 선도하고 싶은 마음이 조금이라도 있다면 인싸의 마음을 읽는 인싸가 되는 길을 택해야 한다.

* * *

그간 세상은 정말 빠르게 변했다. 세상에 존재하는 많은 서비스들이 대중을 기반으로 하는 사용자 중심으로 바뀌었고, 미디어 플랫폼조차 사용자들이 주도하는 환경으로 진화하고 있다. 세상의 변화가 사용자 중심으로 변한다는 것은 요즘 대세인 인싸들의 움직임을 파악해 소비의 흐름을 알아채야 한다는 걸 의미한다.

인싸들의 취향과 트렌드는 무척 다양한 분야에서 빠르게 반영되고 있다. 음악과 영화는 시대를 담고, 방송은 대세를 반영하며, 광고는 대중들의 기호를 그려내며 트렌드에 영향을 미친다. 우리가 트렌드를 읽어야 하는 이유는 여기에서 찾을 수 있다. 단순히 지나가는 흐름이 아닌, 산업 전반에 걸쳐 새로운 가치를 창출하고 발전시키는 원동력이 트렌드에서 비롯되기 때문이다. 특히 인싸들이 원하는 콘텐츠와 트렌드는 소비와 직결되는 경우가 대부분이다. 즉, 경제적인 가치를 창출하는데 있어서도 인싸들의 취향과 트렌드를 읽는 건 큰 도움이 된다.

＊　　＊　　＊

세상에는 항상 대세가 존재한다. 그리고 그 대세를 먼저 읽는 사람이 소비흐름을 선도한다. 대중들의 흐름은 확실하다. 트렌드를 따라가며 살고 싶어 한다. 또한 익숙한 트렌드가 반영된 콘텐츠와 상품에 지갑을 연다. 매우 특별한 것을 위해서도 움직이지만, 트렌드는 항상 대중들의 소비성향을 관통하는 큰 흐름이며 키워드다. 대중들이 말하는 세상에 대한 이야기는 모두 우리 주변의 익숙한 트렌드를 반영하기 때문이다.

전 세계적으로 주목을 받고 있는 K컬쳐의 대표격이라 할 수 있는

K-POP을 보자. 글로벌 감성을 담아낸 콘텐츠를 끌어내며 전 세계와 소통하고자 하는 노력을 기울인 결과가 바로 지금의 K-POP 열풍이다. 대중들이 좋아할 만한 요소들을 끊임없이 연구하고 반영해 지금에 이르렀고, 그들을 위해 전 세계 팬들은 아낌없이 지갑을 열고 있다.

기업들도 마찬가지다. SNS를 통해 사람들이 어떤 키워드에 관심을 가지고 있는지 끊임없이 파악하고, 이 트렌드에 발 빠르게 움직이는 기업들이 시장을 선도하고 있다. 특히 기업들은 소비흐름을 관통하고 있는 인싸들의 소비트렌드에 주목하고 있다. 인싸들의 취향과 트렌드에서 힌트를 찾고 있는 것이다. 그래야 수익을 창출할 수 있는 시대가 된 것이다.

*　　*　　*

이제 '인싸'와 '트렌드'에 대한 이해는 경쟁력이다. 회사 운영전략의 기본이 되고, 국가 산업전략의 근간이 되기 때문이다. 또 홍보전략의 토대가 되고, 상품을 판매하는 방법의 기본이 되기 때문이다. 그렇다면 결국 모든 경제 주체들이 새로운 시각을 가지고 창의력을 발휘하기 위해서는 소비의 흐름을 읽는 트렌드의 이해가 필요하다. 이 책에서 소개하는 적다면 적고 많다면 많다고 할 수 있는 10가지 키워드가 요즘의 트렌드를 파악하고 인싸의 생각을 읽기 위한 노력에 작은 보탬이 되기를 진심으로 기원한다.

Part 1

인싸의 탄생,
요즘 대세는 무엇에 주목하는가?

1장

•

글로벌 인싸 BTS,

세계는 왜 그들에게 주목하는가?

걸어가는 길이 곧 역사, 방탄소년단

지금까지 K-POP 업계 전반, 아니 우리 문화산업 전반에 걸쳐 방탄소년단(BTS) 만큼 뜨거웠던 주인공은 없었을 것이다. 대한민국 가수들에게 꿈같이 여겨졌던 미국의 유명 음악 시상식인 빌보드 뮤직 어워드에서 상을 타고, 퀸과 마이클 잭슨 등 세계적인 뮤지션들이 거쳐간 영국 웸블리 스타디움에서 공연을 하고, 미국과 영국의 메인 음악차트를 밥 먹듯이 드나든다. 심지어 팝 역사의 상징적 인물이라고 할 수 있는 비틀즈와 비교되며 '걸어가는 길이 곧 역사'라는 평가를 받을 정도로 매일매일 새로운 기록들을 쏟아내고 있다.

방탄소년단의 경제적 가치는 5조 원이 넘는다는 분석도 나왔다. 국가 문화산업 측면에서 봐도 이런 '효자'는 드물 정도로, 대한민국의 이름을 곳곳에서 드높이고 있다는 사실은 두말할 필요가 없을 정도다. 그렇다면 방탄소년단이 이렇게 놀라운 기록과 국위선양을 이어갈 수 있는 이유는 무엇 때문일까?

보이지 않는
벽을 허물다

하위문화에서 주류로, 유쾌한 대안의 법칙

⋮

방탄소년단의 성공 원인에서 가장 대표적인 건 역시 '세계화의 흐름'을 잘 반영했다는 데 있다. 이를 논하기 위해서는 새로운 문화 지향점을 향한 대중들의 관심을 먼저 이야기해야 한다. 〈포브스〉지는 방탄소년단의 인기에 대해 '미국 음악산업에서 증가하고 있는 세계화의 단면을 대변한다'고 평가한 바 있다. 미국과 영국은 전 세계의 음악이 공유되는 시장이다. 하지만 그들만의 음악이 오랜 기간 이어지다 보니 그들도 현재의 대세에 지루함을 느끼고 있었다. 새로운 에너지가 필요하고, 신선한 자극이 필요한 시기였던 것이다.

영미권 대중음악 시장은 상당한 기간 동안 '흑인 음악'이 주류였다. 흑인 음악을 기반으로 다양한 장르와 콜라보레이션을 선보이는 아티스트들이 차트를 휩쓸며 대세가 되었고, 이런 경향은 무척 오랫동안 이어져 왔으며 현재도 유효하다. 조금씩의 장르 변화는 있었지만, 대부분 흑인 음악을 기본으로 하는 아티스트들이 큰 사랑을 받아왔다. 대중음악의 주류가 흑인 음악으로 굳어진 것이다. 물론 차트에 등장하는 모든 아티스트들이 다 흑인 음악을 기반으로 했다고 볼 수는 없다. '대세'라는 측면에서 흑인 음악 아티스트들이 많은 사랑을 받았다는 뜻이다.

이런 상황이다 보니 영미권의 대중들도 약간의 피로함을 느끼는 상황이었고, 실제로 EDM 기반의 아티스트들과 록 밴드들이 큰 사랑을 받으며 단단한 대세를 깨뜨리려는 시도들이 이어졌다. 여기에 SNS와 유튜브 등 새로운 채널들이 등장하며 다른 문화권의 음악을 쉽게 접할 수 있게 된 현재의 미디어 환경은 '새로운 대안'을 모색하려는 시도를 더욱 풍성하게 만들었다.

이처럼 기존 차트 질서에 지루함을 느끼던 대중들의 움직임에서 방탄소년단은 좋은 대안으로 떠올랐고, 새로운 가치를 찾던 사람들에게 큰 지지를 받으며 전체 문화를 뒤집는 반란을 만들어 냈다. 분명 영미권 음악시장에서 볼 때 방탄소년단은 일종의 '하위문화'다. 하위문화란 일반적으로 통용되는 '전체 문화'와 달리 그 문화의 내부에서 독자적 특징과 정체성을 가진 소집단의 문화를 뜻한다. 하위문화가 전체 문화를 넘어서기 어려운 이유는 '보이지 않는 벽'이 존재하기 때문이다. 지지층이 얇고 널리 알리기도 어렵다. 전체 문화에 비해 이질감을 실감하게 되는 대중들은 아무래도 자주 접하기 어려운 하위문화를 선택할 가능성이 낮다.

방탄소년단은 이런 하위문화의 소집단에서 조금씩 영향력을 얻기 시작하며 미디어 환경의 변화흐름과 맞물려 더 많은 사람들에게 퍼져나갔고, 신선한 자극을 원하는 모두에게 훌륭한 콘텐츠로 평가받게 되었다.

하위문화를 넘어 하나의 장르가 되다
⋮

방탄소년단의 성공 이후 케이팝(K-Pop) 아티스트들에 대한 관심이 높아지고 있다. NCT127, 블랙핑크, 몬스타엑스, 갓세븐 등 많은 아티스트들이 콘서트와 방송을 통해 해외에서 활동하고 있다. 유튜브에서도 케이팝 아티스트들의 뮤직비디오 조회수는 기하급수적으로 늘어나고 있다. 또한 뮤직비디오를 보며 반응을 담아낸 리액션 비디오나 커버 댄스 등 단순하게 케이팝을 소비하던 형태를 넘어 다양한 방법으로 케이팝을 즐기고 있다.

이런 추세는 차트로도 이어져 이제 빌보드 차트에서 케이팝 아티스트들을 만나는 건 자연스러운 일이 되었다. 또 구글 트렌드나 트위터 해쉬태그 키워드에서 케이팝 관련 단어들이 높은 순위를 차지하고 있고, 영미권 시장에서 주목하는 케이팝 아티스트의 숫자도 계속 늘어나고 있다.

이는 방탄소년단을 필두로 케이팝이 단순히 하위문화를 넘어 하나의 장르로 인정받을 수 있는 기반이 마련되었기에 가능했다. 우리가 흔히 '팝'이라고 말하는 영미권 음악시장에서 단순히 '케이팝'이 아닌 음악 자체로 소통할 수 있는 길이 서서히 열리고 있는 것이다. 방탄소년단은 이런 추세를 처음으로 이끈 아티스트다.

　가까운 미래에 케이팝 아티스트들은 각자 자신들의 장르로 해외 아티스트들과 경쟁하는 구도가 형성될 것이라 예상한다. 대중들이 즐기는 음악은 더욱 다양해질 것이며, 각자 좋아하는 음악을 즐기는 개별화 구조도 더욱 확고해질 것이기 때문이다. 그 순간이 오면, 방탄소년단은 하위문화를 전체 문화와 경쟁할 수 있는 상황으로 이끈 주인공으로 영원히 기억될 것이다.

그들의 차별점,
글로벌 감성과 소통

하지만 이것만으로는 부족하다. 그간 영미권 음악시장의 문을 두드린 아티스트들은 많았다. 그들 모두 색다른 대안으로 인식될 기회가 있었지만, 괄목할 만한 성과를 내진 못했다. 그렇다면 방탄소년단을 새로운 대안으로 확신하게 만든 그들만의 차별점은 무엇일까? 바로 '글로벌 감성'과 '소통'이다.

낯설지만 친숙함으로 '글로벌 감성'을 입히다
⋮

방탄소년단은 한글 가사를 사용했지만, 음악에서만큼은 영미권 시장에서 통할 수 있는 글로벌 감성을 지닌 트렌드함을 잃지 않았다. 그렇다고 지나치게 현지화 경향을 추구해 가요가 가진 매력을 지우지도 않았다. 가요라는 토대 위에 글로벌 음악 감성을 받아들이며 일종의 '혼종'을 만들어 낸 것이다. 이런 음악은 영미권 사람들에게 익숙한 듯 하면서도 색다른, 낯설지만 친숙하게 느껴지는 묘한 감정을 가져다 줬다. 크게 거부감을 느끼지 않고 방탄소년단의 음악을 받아들일 수 있었던 이유다.

진실한 '소통'이 완벽한 해답이다

보통의 아이돌 그룹은 대부분 틀에 박힌 듯한 콘셉트에 맞춰 모든 걸 수행한다. 소통은 물론이고, 무대 위에서의 모습까지도 비슷하다. 이는 연습생 육성을 통해 데뷔하는 국내 음악산업의 구조에서 피하기 어려운 일이다. 데뷔를 위해 준비하면서 말투, 행동 그리고 팬을 대하는 방식까지 모두 교육을 받는다. 그러다 보니 마치 공장에서 생산된 듯한 제품의 느낌을 피하기 어렵다. 국내외 매체들이 케이팝의 '획일화' 현상에 대해 연일 걱정하는 기사를 내놓는 이유 중 하나이기도 하다.

하지만 방탄소년단은 각자의 모습으로 국내외 팬들과 진솔하게 소통했다. 먹었던 음식, 기분, 하루의 일과 등 자신들이 말하고 싶은 내용을 자유롭게 팬들에게 전한다. 다양한 사진과 함께 저마다의 언어로 구성된 포스팅을 SNS에 올리며 대중들의 눈길을 사로잡았다. SNS 포스팅을 보면 방탄소년단의 모습은 정상급 아이돌보다는 같은 시대를 살아가는 훈훈한 '청년'들에 가깝다. 대중들은 '벽'을 느끼지 않고 그들에게 다가설 수 있었고, 이는 해외 팬들 역시 마찬가지였다.

　방탄소년단은 데뷔 초기에만 이렇게 소통한 게 아니라 정상에 선 지금도 동일하게 소통하고 있다. 무대 위에서는 멋진 아티스트, 무대 밖에서는 훈훈한 이야기를 전해 주는 소중한 친구로서 역할을 다하고 있는 것이다. 언제나 그렇듯, 소통은 선택의 이유가 되는 신뢰를 심어줄 수 있는 가장 좋은 방법이다.

　방탄소년단은 진실한 소통을 통해 그들이 가장 확실한 대안이며, 새로운 문화의 한 단면을 발견할 수 있는 완벽한 해답이라는 사실을 전 세계 사람들에게 어필했다. 그리고 그 확신은 지금의 결과가 되어 나타났다.

그들을 즐기면
인싸가 된다

특별해지고 싶은 마음

⋮

방탄소년단을 향한 관심은 인싸 열풍으로도 설명가능하다. '인싸'란 인사이더의 줄임말로, 무리에 잘 어울리고 최신 트렌드를 잘 따라가는 사람을 뜻한다. 아울러 무리에서 튀는 사람 혹은 자신만의 특성을 잘 표현하는 사람을 말하기도 한다. 대학교에 막 입학해 학과 활동에 잘 참여하지 않으면 '아싸'가 된다는 말을 한 번쯤 들어봤을 것이다. 여기서 말하는 아싸, 즉 아웃사이더는 집단에 잘 어울리지 못하는 사람을 말하며, 우리가 말하는 인싸는 이것의 반대라고 보면 좋을 것이다.

인싸 열풍은 누구나 무리에서 주목받길 원하고, 특별한 존재로 인정받길 원하는 사람들의 욕구에 기인한다. 어느 날 갑자기 사라진다 한들 아무도 모르는 존재가 아니라, 안 보이면 보고 싶은 존재감

다양한 인싸아이템(출처 : 네이버, 유튜브)

이 있는 사람이 되고 싶은 것이다. 이러한 인싸 열풍은 우리 생활 주변뿐만 아니라 마케팅 전반에서도 큰 주목을 받고 있다. 쇼핑몰에서는 '인싸가 되기 위한 필수 아이템'이라며 자신들의 상품을 홍보하고 있고, SNS에서도 각종 영상들이 '인싸'라는 주제로 큰 인기를 모으고 있다.

이처럼 트렌드를 소비하는 대중들 역시 주목받고 싶은 마음이 다분하다. 자신이 소비하는 콘텐츠가 특별하길 원하고, 콘텐츠를 소비하는 행위 자체가 다른 사람들에게 자신을 새롭게 인식시키는 계기가 되길 원하기도 한다. 그래서 끊임없이 새로운 콘텐츠를 찾으려고 애를 쓰며 남들과 다른 콘텐츠를 소비하기 위해 노력한다. 이런 게 바로 일종의 '우월욕구'라고 할 수 있다.

특히 갈수록 개별화가 지속되는 지금과 같은 환경에서 개개인의 욕구는 과거보다 훨씬 존중받고 있다. 이렇게 개개인들의 취향이 주목받기 시작하면서, 자신의 가치를 부각시키기 위해서도 우월욕구는 어느 정도 필요한 것이 되었다.

우월욕구의 탄생과 방탄소년단

⋮

우월욕구는 현재보다 더 나은 수준의 문화, 더 나은 경제, 더 나은 정치 등을 창출하기 위해 존재하는 욕구*를 말한다. 그리고 최근의 트렌드에서 이러한 우월욕구는 특별한 콘텐츠를 찾아 소비하는 원동력이 되고 있다.

우월이라는 단어 때문에 우월욕구가 다소 부정적으로 해석될 여지도 있지만, 우월욕구는 타인보다 내가 우월하다는 데서 오는 위계의식이 아니다. 오히려 발전의 원동력으로 작용해 왔으며, 역사는 이미 우월욕구에 힘입어 더 나은 상태로 발전해 왔음을 증명해 주었다**고 보는 이들이 많다.

콘텐츠의 발전도 우월욕구와 함께 움직이고 있다. 인싸 열풍은 돋보이고 싶고, 아싸가 되고 싶지 않은 마음들이 모여 시작되었다는 점에서 우월욕구의 산물이라 볼 수 있다. 우리는 인싸가 되는 과정에서 세상의 트렌드를 따라가는 자신의 모습을 발견하고, 얼리어답터가 된 느낌을 받으며 뿌듯해 한다.

인싸들의 가치 추구는 역사 발전에 도움을 준 우월욕구처럼 트렌드를 이끌며 우리가 사는 사회의 모습을 다양하게 만들었다. 소비문화 발전의 원동력으로 작용한 건 물론이고, 광고 콘텐츠에서도 좀 더 다변화되고 다양한 아이디어들이 쏟아져 나오는데 큰 힘이 되었다. 어쩌면 음악계에서의 우월욕구는 방탄소년단을 글로벌 인싸로 만들

* 《사람은 왜 인정받고 싶어하나 – 살림지식총서 159》, 이정은, 살림출판사, 2005.
** 《사람은 왜 인정받고 싶어하나 – 살림지식총서 159》, 이정은, 살림출판사, 2005.

었는지도 모를 일이다. 특히 해외 팬들의 우월욕구는 판에 박힌 대중 음악계를 좀 더 역동적인 형태로 만드는데 큰 힘이 되었다. 그들이 발견한 방탄소년단이라는 대안이 방탄소년단을 글로벌 음악계의 인싸로, 그리고 방탄소년단의 콘텐츠를 즐기는 사람들까지 인싸로 만들어 준 것이다.

물론 이쯤에서 방탄소년단이라는 대세를 따라가는 획일적 흐름을, 변화를 향한 욕구나 인싸가 되기 위한 마음으로 해석할 수 있느냐는 반론을 제기할 수도 있을 것이다. 하지만 기존의 질서에 저항하고 새로움을 찾는 과정에서 만들어진 아이콘이 방탄소년단이라는 점에서 획일적 흐름이라는 지적은 설득력을 얻기 어렵다. 또한 방탄소년단을 지지하는 움직임 자체가 남달랐다. 세계화된 문화권에서 새로운 변화를 향한 대중들의 마음이 모여 이뤄진 전반적인 저변 확대라고 보는 게 옳을 것이다.

대중은 가치 있는
콘텐츠를 원한다

가사 자체로 특별함이 되다

⋮

방탄소년단의 또 하나의 인기 요인은 바로 '가사'다. 해외에서는 이들의 가사를 단순히 번역하는 것이 아니라 그들의 언어로 재해석해서 소비할 만큼 상당히 중요한 인기 요인이다. 그런데 이는 현재의 대중음악 흐름에서 본다면 약간은 갸우뚱할 수 있는 부분이다. 과연 대중들이 가사를 의미 있게 소비하는가에 대한 물음 때문이다.

한때 우리 가요계에는 시적인 가사로 주목받는 아티스트들이 무척 많았다. 특히 싱어송라이터들의 전성시대가 펼쳐졌던 70~80년대에는 더욱 그랬다. 자극적인 멜로디보다는 서정적인 가사로 대중들의 마음을 울리거나 시대상을 담아내는 경우가 많았고, 이는 마치 한 편의 문학작품처럼 대중들에게 다가갔다.

하지만 90년대에 들어서면서 댄스 음악의 시대가 열리고, 이후 아이돌 시대가 개막했다. 음악 자체가 소비성향이 강한 장르로 바뀌었고, 가사에 대한 중요도는 점점 관심 밖으로 밀려났다. 이는 해외 음악계도 마찬가지였다. 가볍고 편한 가사들이 주류를 이루면서 진중한 표현이 담긴 가사들은 설 자리를 잃어갔다.

그런데 2016년, 세계 음악계에 커다란 영향을 준 사건이 일어났다. 레전드급 아티스트인 '밥 딜런'이 노벨문학상을 수상한 것이다. 실제로 밥 딜런의 가사는 대학에서 연구를 할 정도로 가치를 인정받는 작품이었다. 밥 딜런은 변화하는 시대를 끊임없이 노래로 표현하며 동 시대에 사는 사람들의 마음을 보듬는 능력을 발휘했다. 밥 딜런의 노벨문학상 수상을 계기로 사람들은 단순한 소비 수단으로 변해버린 대중음악에 대해 자성의 목소리를 냈다. 가치 있는 콘텐츠를 만들어 내야 한다는 의견이 곳곳에서 터져 나왔다.

방탄소년단이 주목받을 수 있었던 이유 중 하나는 이런 시대적 상황에서 자신들만의 언어로 가사를 표현했기 때문이다. 그들의 가사를 보자.

우리 만남은 수학의 공식
종교의 율법 우주의 섭리
내게 주어진 운명의 증거
너는 내 꿈의 출처
Take it take it
너에게 내민 내 손은 정해진 숙명
〈DNA〉 중에서

그리움들이

얼마나 눈처럼 내려야

그 봄날이 올까

Friend

허공을 떠도는

작은 먼지처럼

작은 먼지처럼

날리는 눈이 나라면

조금 더 빨리 네게

닿을 수 있을 텐데

〈봄날〉 중에서

　방탄소년단은 사랑을 표현하는 노래에서도 다른 아티스트들과는 다른 소재를 동원해 표현하고, 서정성을 가진 가사를 사용한다. 자극적이고 직설적인 화법이 대세인 요즘의 추세와는 확실히 다른 문법으로 그들만의 철학을 이야기한다.

　가사 자체로 방탄소년단은 특별한 존재가 됐다. 자신들만의 문법을 가진 방탄소년단은 공장에서 찍어 낸 듯한 아이돌의 모습과는 확실히 달랐다. 자신들의 이야기를 앨범에서 직접 보여주며 주체적인 아이돌 그룹의 이미지를 얻었다.

　가사에 주목하는 방식은 앞서 언급한 '대안의 모색'과도 깊은 연관이 있다. 한때 가볍게 즐기고 마는 음악이 사랑받았지만, 이 또한 식상함을 피할 수 없었다. 음악 자체가 주는 감동과 메시지가 결여된 공허함을 이겨내기 어려웠기 때문이다.

가벼움에 대한 반작용은 다시 콘텐츠에 집중하는 움직임으로의 회귀였다. 가사에 집중하며 메시지를 담는 작업들이 다시 대중들의 관심사 안으로 들어왔다. 이때 태생적으로 소비지향적일 수밖에 없는 아이돌 그룹이 메시지에 집중하는 방식을 취한다면 더욱 주목받게 되는 것이다. 방탄소년단이 그랬다.

효율성을 넘어 다시 좋은 콘텐츠로
⋮

지금까지 대부분의 대중문화 콘텐츠의 생산방식은 '효율성'에 초점이 맞춰져 있었다. 제작기간을 줄이고 비용 회수까지 걸리는 시간을 단축시킬 수 있는 콘텐츠들이 주목받았다. 특히 1인 미디어의 발전에 따른 유튜브 시대가 열리면서 이런 경향은 더욱 짙어졌다. 질보다는 단순한 재미를 취하는 콘텐츠들이 사랑받았고, 복잡한 사회에서 스트레스를 받고 있는 대중들은 가벼운 소비에 더 주력했다. 단순한 웃음을 주는 영상 콘텐츠, 심플하고 간략한 가사들을 담은 음악들이 사랑받아온 이유다.

하지만 이런 효율성은 콘텐츠의 질적인 하락을 가져왔고, 의미 없는 콘텐츠의 범람을 불러왔다. 쏟아지는 대량의 콘텐츠 안에서 대중들은 다시 한 번 길을 잃었다. 하루에도 수십 곡씩 쏟아지는 신곡들과 수백 개씩 업로드되는 영상 속에서 판단기준을 상실하게 된 것이다.

이런 상황에서 좋은 콘텐츠를 찾는 일은 어쩌면 당연한 귀결이었을 것이다. 최근의 경향은 무조건 '신곡'과 '1위곡'을 듣는 게 아니라 '자신이 좋아하는 음악'을 듣는다. 과거에 사랑받았던 음악들이 인기 키워드로 다시 등장하고, 각종 미디어를 통해 새로운 생명력을 얻기도 한다. 영화계도 마찬가지다. 무조건 새로운 걸 추구하는 게 아니라 재개봉을 통해 소통하기도 하고, 다양한 주제로 상영회를 열어 마니아 층을 공략하기도 한다. 의미 있는 콘텐츠에 대한 탐구욕과 소비가 다시 불붙고 있는 것이다.

방탄소년단은 이런 추세를 정확히 꿰뚫었다. 음악 자체도 글로벌한 기준에 맞게 완성도를 담아냈고, 가사 또한 놓치지 않고 자신들의 이야기를 담아냈다. 이렇게 음악에 특별함을 담다 보니 의미 있는 콘텐츠를 찾던 대중들은 방탄소년단에 주목했다. 해외 팬들의 움직임 역시 마찬가지였다.

방탄소년단은 콘텐츠로 대중들과 호흡하고 소통했다. 타인이 만들어 주는 콘셉트가 아니라, 음악 자체로 자신들만의 세상을 만들어 대중들을 초대했다. 그 세계의 일원이 된 팬(아미)들은 맘껏 뛰어놀며 방탄소년단을 지지했다. 방탄소년단은 매 앨범마다 콘텐츠에 집중했고, 대중들은 앨범에서 고민의 흔적을 찾았다. 앨범의 소재를 찾느라 애쓴 기록을 함께 느끼며 감동을 했다.

요즘의 대중들은 과거보다 다양한 경로를 통해 많은 소식을 접한다. 이런 노력을 알아채지 못할 리가 없다. 콘텐츠가 좋아야 통할 수 있다는 사실을 고민과 노력을 통해 증명한 방탄소년단, 그들의 콘텐츠는 앞으로를 더 기대하게 만든다.

트렌드의 중심이
대중으로 이동하다

요즘 세상의 소비트렌드 - 대리만족

⋮

현재는 '계층 이동'이 불가능한 시대라고 한다. '금수저'와 '흙수저'
라는 말로 대변되는, 유쾌하지 않은 계급은 이 시대를 말하는 키워드
중 하나가 되었다. 과거에는 열심히 공부해 자신의 신분을 바꾸는 게
가능했지만, 이제는 다들 불가능하다고 말한다. 희망이 사라진 시대
다. 그래서 대중들은 미디어에서 자신의 롤모델을 찾아 대리만족을
하곤 한다. 자신의 상황을 투영하고, 조금은 다른 방식의 간접적인
성취감과 즐거움을 추구하려는 것이다.*

　그런데 최근 들어 대리만족을 위한 대상과 성격이 '대세'를 벗어나
고 있다. 과거에는 연예인이라고 하면 '이런 모습이겠구나'라는 기준

* 심리학용어사전, 한국심리학회, 2014. 4.

이 있었다. 대부분 예쁘고 잘 생긴 스타들이다. 일상에서 보기 힘든 외모의 사람들, 그런 사람들이 연예인으로 데뷔하고 스타가 되었다. 하지만 지금은 다르다. 연예인에 대한 획일적 기준이 사라지고, 각자 자신들이 추구하는 가치에 따라 스타를 선택한다.

가장 대표적인 예가 마동석이다. 마동석은 우리가 일반적으로 생각하는 잘 생긴 배우의 이미지와는 많이 다르다. 하지만 그는 우락부락한 근육과 팔뚝이 돋보이는 액션 연기를 선보이며 영화의 흥행을 책임지는 흥행 보증수표가 된 건 물론이고, 헐리우드까지 진출했다.

그의 활약은 대리만족과 관계가 깊다. 그가 영화 속에서 힘을 바탕으로 한 연기를 보일 때, 대중들은 쾌감을 느끼고 시원함을 느낀다. 기존의 스크린에서 보기 어려운 캐릭터라 새롭고, 몸으로 부딪히는 액션에 일정 부분 만족감을 느낀다. 어쩌면 대중들은 지금의 상황을 잊게 해주는 시원한 한 방을 기대하고 있었는지도 모른다. 그리고 마

헐리우드까지 진출한 마블리 마동석(출처 : 쇼박스)

동석은 답답한 부분을 뚫어주는 연기로 대중들의 욕구를 충족시켰다.

이런 현상은 비단 어제오늘의 일이 아니다. 대중문화의 중심이 완벽하게 대중으로 이동하며 꾸준히 있어 왔던 일이다. 오디션 프로그램 열풍 역시 이 관점에서 설명이 가능하다. 최근에는 장르 세분화의 경향이 발생하며 오디션도 우리가 흔히 보던 장르적 구조에서 벗어나 트로트 등 다양한 콘텐츠로 이어지고 있다.

〈미스트롯〉의 우승자 송가인의 사례를 보자. 그녀는 10년이 넘는 무명 생활을 겪었다. 공과금도 내기 어려울 정도로 스케줄이 없었지만, 부업을 하며 근근이 생계를 이어가면서도 꿈을 포기하지 않았다. 혼자서 의상 가방을 들고 행사장을 갔다는 이야기, 탈의실도 없이 화장실에서 옷을 갈아입으며 전국을 누볐다는 이야기도 대중들에게 전해졌다.

대중들은 그런 힘든 상황에서도 음악을 놓지 않은 그녀에게 감동을 받았다. 이 감동 스토리는 송가인이 〈미스트롯〉에서 우승하며 대단한 결말을 선사했다. 이 또한 그녀의 스토리에 함께 공감하며 감동한 대리만족이다. 빡빡한 현실에서 대리만족을 통해 대중들은 감동을 받고 스트레스를 해소하며 새로운 꿈을 꾼다.

함께하는 과정을 공유하며 대중들과 호흡하다
⋮

방탄소년단은 어떤가? 일명 '흙수저'다. 널리 알려진 유명 기획사 출신도 아니고, 태생부터 슈퍼스타 운명을 타고난 것도 아니었다. 데뷔

곡부터 속된 말로 '빵' 터진 케이스도 아니다. 데뷔 이후 차곡차곡 과정을 밟아오며 지금의 자리에 올랐다. 데뷔와 동시에 꽃길을 걸은 스타가 아니라는 것이다. 방탄소년단이 스타덤에 오르는 과정은 모든 걸 하나씩 이뤄가는 계단형 구조였다.

대중들은 자신이 좋아하는 가수가 조금씩 발전해 가는 과정을 보며 큰 흥미를 느꼈다. 인지도가 높아지면서 얻어지는 성취감을 함께 느끼며 성장해 갔다. 이런 과정은 대중들에게 뿌듯한 마음과 함께 우리도 할 수 있다는 희망과 대리만족을 선사했다. 이런 성공 스토리가 알려지면서 해외 팬들 역시 같은 감정을 느꼈음은 물론이다.

대리만족을 느끼며 '과정'을 함께한다는 건 매우 중요한 트렌드다. 그래서 예능도 끊임없이 무언가를 관찰하는 '리얼리티형 예능'이 인기다. 또 요리의 과정을 가감없이 보여주는 쿡방이나 진행 과정이 그대로 눈에 들어오는 창작 경연형 음악 예능이 대중들의 눈길을 사로잡고 있다. 유튜브 방송 역시 체험형 콘텐츠가 많은 인기를 끌고 있고, SNS를 강타하고 있는 브이로그 여행 콘텐츠의 인기도 같은 맥락에서 설명이 가능하다.

사람은 모든 걸 다 할 수 없다. 무언가를 선택하면, 포기해야 하는 것이 생긴다. 그래서 지금의 트렌드는 누군가가 '포기'해야 하는 부분을 대신 수행해 주는 것이 인기를 얻고 있다. 일 때문에 여행을 가기 어려우니 눈으로라도 여행할 수 있는 콘텐츠를 만든다. 시간이 부족해 근사한 요리를 하기 어려우니 시각적으로 좋은 요리를 만들어내는 방송을 한다. 음악과 영화를 즐기지만 직접 작곡과 촬영을 할 수 없는 대중들을 위해 그 과정을 함께하는 방송을 기획한다. 모든 게 대리만족과 연관되어 있는 것이다.

이제 트렌드의 한 줄기는 완벽한 대리만족을 어떻게 느낄 수 있느냐에 있다. 그래서 좀 더 완벽하게 체험할 수 있는 콘텐츠들이 인기를 얻고 있다. 심지어 VR까지 등장해 완성도 높은 대리만족감을 준다. 앞으로는 케이팝 콘서트도 거실에 앉아서 체험하고, 마치 현장에 있는 것처럼 대리만족감을 느낄 수 있는 콘텐츠들이 쏟아져 나올 것이다. 이 콘텐츠들 중 일부는 이미 제주도에 있는 케이팝 전시관에 등장해 해외 팬들의 열렬한 반응을 이끌어 내고 있다. 정서적으로도,

제주 플레이케이팝 테마파크
(출처 : 플레이케이팝 홈페이지)

물리적으로도 이제 대리만족은 트렌드를 관통하는 하나의 큰 주제가 된 것이다.

방탄소년단은 대중들과 정서적인 대리만족감으로 호흡한다. 그들이 보여준 발전의 역사는 곧 하나의 콘텐츠가 완성되어 가는 역사다. 그 역사를 지켜본 대중들은 방탄소년단에 매료됐다. 방탄소년단이 걸어가고 있는 길이 곧 대한민국 대중음악의 역사라는 말까지 나온다. 충분히 맞는 말이다. 그들은 한 번도 가보지 못했고, 또 꿈만 꿔왔던 일들을 하나씩 현실로 만들어 내고 있다. 그리고 이런 과정에 트렌드에 대한 해박한 이해가 담겨있음은 우리가 꼭 알고 기억해야 한다.

결국 콘텐츠도 트렌드를 이해하는 사람이 좋은 결과물을 만들 수 있다. 트렌드를 이해한다는 건 곧 대중들의 마음을 읽어내고, 나아가서는 산업 전반을 지배하는 큰 흐름을 콘텐츠에 반영한다는 뜻이다. 대중들이 주도권을 잡은 이 세상에서, 대중에 대한 이해 없이 틀에 끼워 맞춘 듯한 콘텐츠는 이제 주목받기 어렵다. 철저한 이해와 소통, 그리고 변화하는 대중들의 취향을 적극적으로 반영하려는 노력이 전 세계를 사로잡는 콘텐츠의 밑거름이 된다.

방탄소년단의 사례는 대중문화계뿐만 아니라 모든 산업계에서 연구해야만 하는 모델이다. 방탄소년단은 트렌드를 이해하고 반영한 사례로, 그들의 행보는 오랫동안 기억될 것이다.

방탄 이코노미,
산업의 패러다임을 바꾸다

걸어 다니는 기업, 방탄소년단

'방탄 이코노미'라는 용어가 생겼다. 방탄소년단의 인기를 통해 엄청난 경제효과가 창출되고 있기 때문이다. 현대경제연구원의 자료에 따르면 방탄소년단의 경제효과는 연간 5조 원이 넘는다. 또 2014~2023년까지 방탄소년단이 총 56조 원 규모의 경제효과를 창출할 것으로 전망했다. 그야말로 걸어 다니는 기업 그 이상이다.*

모바일 게임 'BTS 월드'는 게임 산업에 큰 영향을 미쳤다. BTS의 매니저가 되는 이 게임은 출시 전부터 어마어마한 반향을 일으켰고, 글로벌 시장에서 엄청난 주목을 받으며 방탄소년단의 인기를 실감케 했다. 게임 내에서 유저들은 방탄소년단의 새로운 이미지, 짤, 영상,

* 이름만 걸쳐도 대박… 56兆 '방탄 이코노미', 조선비즈, 2019. 6. 25.

방탄소년단의 매니저가 된다는 설정으로 반향을 일으킨 BTS 월드(출처 : 넷마블)

BGM 등 단독 콘텐츠들을 즐기며 환호했다. 멤버와의 영상통화 등 익숙한 모바일 환경을 게임 내에 설정해 친근감을 높이며 이탈을 방지했다. 그 결과 33개 국가의 앱스토어에서 인기 순위 1위를 기록했고, 그동안 국내 게임이 좋은 성과를 내지 못했던 북미와 유럽 시장에서도 인기 순위에 진입했다.

국민은행은 BTS 적금을 출시해 27만 개가 넘는 계좌를 가입시켰다. 보통 은행에서는 연간 5만 계좌만 가입되어도 성공한 상품으로 판단한다고 하니 엄청난 수치라고 볼 수밖에 없다. 또 BTS 콘서트장에는 롯데면세점, SKT 등 각종 대기업의 홍보 부스가 들어선다. 콘서트장을 찾은 팬들은 방탄소년단의 공연을 기다리며 자연스럽게 기업의 상품과 이미지에 노출된다. 굳이 이런 사례를 들지 않아도 의류·식품·화장품 등 거의 모든 산업계에 걸쳐 방탄소년단은 큰 영향을 미치고 있다. 방탄 이코노미라는 용어가 아깝지 않은 영향력이다.

국민은행의 BTS 적금(출처 : 국민은행)

흥행 보증수표, 방탄소년단이 던지는 메시지

기존 엔터테인먼트 산업은 공연과 음반 판매가 주 수입원이었다. 음반 또는 음원으로 활동을 하며 공연을 벌여 팬층을 늘리는 동시에 수익을 내는 구조였다. 하지만 방탄소년단은 이런 패러다임을 바꿔놨다. 음반과 공연이라는 기본 구조는 그대로 유지하되, 다른 산업분야 전반으로 손을 뻗치면서 새로운 시장을 개척해 수익을 내고 있다. 물론 이런 새로운 시도는 팬덤의 전폭적인 지지와 구매력이 있기에 가능했지만 산업구조 전반의 패러다임을 바꿨다는 점에서 주목할 만한 이유는 충분하다.

엔터테인먼트뿐만 아니라 지금 산업계 전반은 새로운 도전에 직면해 있다. 새로운 시장을 개척하고 새로운 구매층을 확보해야 하는 상황에 놓여 있다. 시장은 이미 포화상태고 경쟁도 치열하다. 해외를 비롯해 신규 활로를 뚫어야 하고, 국내에서는 소비자들의 눈길을 사로잡아 주도권 전쟁에서 이겨야 하는 과제를 안고 있다.

이런 상황에서 방탄 이코노미는 우리에게 '팬'의 중요성을 일깨웠다. 시장에서 팬이란 확실한 구매층을 의미한다. 정확한 타겟에게 전달되는 콘텐츠와 상품은 구매확률이 높을 것이고, 제품에 만족하면 그들은 팬이 된다. 이렇게 꾸준히 팬을 만들어 가는 작업이 시장에서의 주도권을 의미한다는 사실을 방탄소년단이 입증하고 있다.

좋은 상품과 콘텐츠를 만드는 일 역시 중요하다. 방탄소년단을 전폭적으로 지지하는 팬들은 모두 그들의 완성도 높은 음악과 콘텐츠에 열광했다. 소비에 대한 만족도는 그만한 가치가 있는 콘텐츠나 상품을 구매했을 때 발생한다. 서로 경쟁만을 위한 속도전에서 벗어나 완성도에 대한 진지한 고민이 필요하다는 사실을 깨달아야 하는 시점이다.

꾸준한 소통에 대한 필요성도 인식해야 한다. 방탄소년단은 좋은 콘텐츠로 팬들과 꾸준히 소통하며 신뢰도를 쌓았다. 그래서 믿고 소비할 수 있는 신뢰구조를 만들었고, 팬들은 방탄소년단에 안정된 마음으로 지지를 보내고 있다. 이처럼 현재의 트렌드는 고객들과 꾸준한 소통을 요구하고, 그들의 이야기를 더 많이 들으라고 조언하고 있다. 일방통행은 더 이상 해답이 될 수 없다. 각종 경로를 통해 고객의 이야기를 듣고 있다는 사실을 알려주고, 꾸준히 쌓아가는 신뢰관계가 더 많은 소비와 수익을 부를 것이다. 소통과 신뢰가 방탄 이코노미를 만들어 낸 밑거름임을 모든 경제 주체는 기억해야 할 것이다.

2장

•

역주행,

대중이 주인공이 되는 시대

80%가
세상을 바꾼다

역주행, 새로운 트렌드로 떠오르다

⋮

윤종신의 '좋니', EXID의 '위아래', 멜로망스의 '선물'

이 노래들의 공통점은 무엇일까? 처음 나왔을 때에는 대중들의 인기를 얻지 못했다가 뒤늦게 엄청난 반응을 이끌어 낸 일명 '역주행' 곡들이다. 모두 SNS에서 입소문을 타면서 폭발적인 반응을 얻어 차트에 재진입했다. 그리고 반짝 인기가 아니라 든든한 모습으로 꽤 오랫동안 차트를 지키며 히트를 이어나갔다. 대중들의 제대로 된 지지가 있었기에 가능한 결과였다.

이런 추세는 최근 들어 상당히 빈번해지고 있다. 라이브나 공연 현장을 찍은 일명 '직캠 영상'들이 SNS에서 활발히 공유되면서 자연스럽게 입소문을 타며 다시 대중들의 관심을 받는 경우가 늘고 있기 때문이다.

대표적인 역주행 노래들(출처 : 미스틱스토리, 바나나컬쳐엔터테인먼트, 민트페이퍼)

차트에서 상위권에 랭크되는 곡들의 일반적인 형태는 대중들의 폭넓은 지지를 얻기 쉬운 드라마 OST나 팬덤을 기반으로 하는 아이돌 그룹의 곡이다. 물론 EXID는 아이돌 그룹이지만 '위아래'가 히트할 당시에는 강력한 팬덤을 가지고 있는 그룹이 아니었다는 점에서 특별한 케이스라고 볼 수 있다.

보통 음원사이트의 실시간 차트는 신곡의 발매에 따라 심하게 출렁인다. 그래서 가수들은 대부분 신곡 발표 직전 화력을 집중하기 위해 미디어 쇼케이스를 열어 최대한 홍보기사가 많이 나가게 만든다. 또 최근에는 각종 SNS의 실시간 라이브 플랫폼을 이용해 신곡 발매 시간에 팬들의 관심을 최대한 끌어모은다. 실시간으로 각종 스트리밍과 조회를 통해 해당 곡을 1위로 만들기 위한 모든 노력을 기울이는 것이다. 팬들은 게시판이나 팬들이 많이 모이는 플랫폼을 이용해 의견을 주고받으며 스트리밍에 열을 올린다. 이런 움직임으로 지지력이 강한 아티스트의 음원은 실시간 차트에 오르곤 한다.

하지만 이런 방식은 당장은 효과가 있을지는 모르겠지만 대부분 일회성에 그친다. 잠깐의 화제성이 상위권을 사수하고 있는 곡들을 오랫동안 끌어내릴 힘은 없기 때문이다. 그런데 역주행 곡들은 기존 상위권 곡들을 꺾고 1위에 올라가며 저력을 과시했다. 대중들의 광범위한 지지로 이런 추세까지 모두 이겨낸 것이다. 그래서 '역주행'은 하나의 사건이고, 새로운 트렌드로 받아들일 가치가 충분하다.

롱테일 법칙 vs 파레토 법칙

⋮

이러한 현상을 이해하기 위해서는 먼저 '롱테일 법칙'에 대해 알아볼 필요가 있다. 롱테일 법칙이란 전체 결과의 80%가 조직의 핵심인 20%에서 일어난다고 설명하는 '파레토 법칙'에 반대되는 개념이다. 한마디로 말하면 사소한 80%의 다수가 20%의 핵심보다 더 뛰어난 가치를 창출한다는 것이다. 그래프로 나타내면 꼬리처럼 긴 형태를 만드는 80%의 부분이 바로 롱테일에 해당한다.

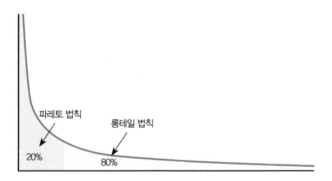

파레토 법칙에 따르면 전체의 결과가 핵심 계층 20%에 의해 결정되니 나머지 80%에 해당하는 부분들은 무시되는 경향이 있었다. 하지만 인터넷과 새로운 미디어들이 발달하며 의미 없어 보였던 꼬리 부분의 80%가 가치를 가지기 시작했다. 실제로 파레토 법칙이 가장 활발하게 적용되었던 경제학 분야에서도 의미 없는 것으로 평가되었던 80%에 주목하기 시작했다. 사소한 80%가 경제적으로도 충분히 의미가 있다는 새로운 연구 결과들이 주목받았기 때문이다.

과거 트렌드는 파레토 법칙을 그대로 따라갔다. 상위 20%는 특정 콘텐츠에 열렬한 지지를 보내는 핵심 지지층, 나머지 꼬리인 80%는 일반 대중들이라고 볼 수 있다. 소위 대세를 만들어 가는 열렬한 지지층이 각종 차트와 판매량을 이끌어 갔고, 그래서 팬덤을 기반으로 하는 아이돌 시대가 열릴 수 있었다. 영화계는 관객 동원력이 강한 스타들이 영화산업 전반을 이끌어 갔다. 방송계 또한 압도적인 존재감을 뽐내는 연예인이 나오는 프로그램들이 시청률을 리드했다. 상위 20%의 세계였던 것이다.

하지만 변하는 트렌드는 다르다. 음원 차트에서 역주행을 이끌어 내는 주인공들은 긴 꼬리에 해당하는 나머지 80%의 일반 대중들이다. 입소문을 타고 흥행하는 저예산 영화를 보는 관객들 역시 80%에 해당하는 대중들이다. 각종 리얼리티 프로그램들과 체험형 예능을 이끌어 가는 것 역시 지배적인 방송인의 힘이 아니라 일반 대중들의 관심이다.

입소문은 가장 강력한 롱테일의 힘

⋮

CJ CGV가 개최한 'CGV 영화산업 미디어포럼'에서는 트렌드 경향 중 하나로 '입소문'을 뽑았다. 영화의 규모보다 관람평 같은 입소문에 관객들이 훨씬 많은 영향을 받는다는 것이다. 심지어 부정적인 평가 때문에 관람을 포기한다는 비율이 평균 33%에 달한다고 분석했다.

좋은 사례가 〈보헤미안 랩소디〉다. 이 영화는 퀸을 전면에 내세운 소재 때문에 장년층에게 어필할 것으로 보였다. 하지만 예상과 달리 입소문을 타며 전 세대 관객들에게 사랑을 받으며 음악 영화의 새로운 역사를 썼다. 이 영화의 흥행을 이끌어 간 건 어마어마한 배우가 아니라 스토리와 음악 그리고 관객들의 반응이었다.

〈보헤미안 랩소디〉의 흥행 이후 음악 영화의 제작이 늘었고, 프레디 머큐리도 재조명됐다. 퀸의 히트곡 또한 음원 차트에 다시 등장했고, 각종 CF와 예능에서도 패러디가 등장했다. 과거를 살았던 프레디 머큐리가 현재의 브라운관에 재등장한 것이다.

음악 영화의 새 지평을 연 보헤미안 랩소디(출처 : 이십세기폭스 코리아)

미디어가 주목하는 새로운 스타
는 TV에서만 탄생하지 않는다
(출처 : tvN)

그를 되살아나게 만든 건 철저히 대중들의 힘이었다. 앞서 말한
80%에 해당하는 평범한 대중들의 입소문이 프레디 머큐리에게 새
로운 생명력을 불어넣은 것이다.

소년 농부 한태웅의 사례도 주목할 만하다. 유튜브를 통해 활발하
게 소통하던 한태웅은 〈인간극장〉에 출연하며 사람들에게 많은 주목
을 받았다. 평소에도 그는 유튜브와 SNS에 농사기법과 농촌 일상을
보여주며 꽤 인기가 있었다. 하지만 가장 주목할 건 유명 예능 프로
그램에 이름 있는 연예인들과 함께 출연한 게 아닐까 싶다. 유튜브를
기반으로 하는 일반인이 황금시간대 예능에 나와 연예인들과 함께

호흡한다는 사실 자체가 그를 더욱 더 부각되게 만든 것이다.

유튜브의 파급력을 알 수 있는 사례이기도 했지만, 예능의 추세가 지배적인 방송 트렌드만 따라가지 않는다는 걸 입증한 사건이 아닐까 한다. 역시 롱테일 현상의 한 부분으로 보면 좋을 사례다.

대중에게 넘어간 권력

대중의 시대, 대중 중심 사회의 시작

⋮

지금 우리가 마주하고 있는 트렌드에서는 철저히 롱테일 현상에 맞춰진 사례들이 쏟아져 나오고 있다. 대중들의 기호와 지지에 따른 콘텐츠들이 사랑을 받고, 이런 대중들의 기호는 음악과 방송계의 저변에 엄청난 영향력을 발휘하고 있다.

이는 대자본의 논리와 일방적인 소통구조로 움직이던 대중문화계에 새로운 흐름이 나타났다는 걸 의미한다. 〈타임〉지에서 선정한 올해의 인물이 당신(You)이었듯, 대중들이 만들어 가는 트렌드 시대가 열렸다는 것이다. 대중들은 이제 문화계 전반에 걸쳐 영향력을 행사하며 트렌드를 이끌고 있다. 그리고 매체의 변화와 미디어의 발전은 소통권력의 구조에도 변화를 가져오고 있다.

아주 간단한 사례를 보자. TV 드라마다. 시청자들은 전개구조와 캐릭터에 큰 흥미를 가지고 드라마를 지켜본다. 함께 분노하기도 하고, 함께 눈물 짓기도 한다. 그런데 드라마를 보던 중 관심 있게 지켜보던 캐릭터가 갑자기 빠지거나, 드라마 전개가 마음에 안드는 상황이 발생했다고 가정해 보자. 예전 같았으면 그냥 드라마를 그만 보거나 혼자 싫은 소리를 하거나 혹은 가족들과 작가에 대해 성토의 장을 열 것이다.

하지만 지금은 어떤가? 인터넷 포털에 올라온 드라마 관련 기사에 댓글로 의견을 적는다. 또 방송국 홈페이지의 해당 드라마 게시판에 글을 남기는 등 드라마와 연관된 커뮤니티에 의견을 표출하며 여론을 형성한다. 이렇게 만들어진 의견들은 직간접적으로 드라마에 영향을 준다. 대중들이 등을 돌린 드라마는 수익 측면에서 악영향을 받을 수밖에 없기 때문이다.

이처럼 미디어 환경이 변화하면서 대중들이 의견을 표출할 수 있는 공간이 많아졌다. 그만큼 콘텐츠 생산자들이 대중들의 의견을 확인할 수 있는 방법도 다양해졌다. 콘텐츠 생산자들에게 대중들이 보내는 관심과 지지는 곧 수익으로 직결되다 보니 눈치를 보지 않을 수 없는 상황이 벌어지며 생산자와 소비자 사이의 권력구조가 무너진 것이다. 역주행은 이런 권력구조 변화에 기인한다. 소비자들의 반응이 콘텐츠를 움직일 수 있다는 사실을 입증하는 사례이기 때문이다.

광고시장도 역주행이 대세

⋮

햄버거 브랜드인 버거킹은 배우 김영철을 모델로 내세웠다. 그렇다. 〈태조 왕건〉에서 "누구인가"를 연발하던 궁예를 연기한 그 김영철이다. 다소 의아한 면이 있다. 햄버거의 맛을 신나게 즐기기에는 모델의 연령이 다소 높았다. 그간 햄버거 브랜드의 광고들은 10~20대에게 인기 있는 모델을 기용하거나 햄버거 자체에 집중하는 모습을 보여줬기에 물음표가 붙었다. 그런데 버거킹은 여기서 '역주행'의 키워드를 가져왔다. 김영철이 〈야인시대〉에서 연기했던 '사딸라'를 되살린 것이다.

　김영철은 〈야인시대〉에서 김두한을 연기했다. 극 중에서 한국전쟁 당시 미국의 군수물자 운반 일을 하던 노동자들이 임금 문제로 파업을 했다. 이때 김두한 역할의 김영철은 임금 협상자로 나서 노동자들의 임금을 하루 1달러에서 4달러로 올려달라는 요구를 했다. 그에게 밀당을 선보이는 협상 따윈 없었다. 연신 "사딸라"를 외치며 우격다

〈야인시대〉에서 연기한 김영철의 '사딸라' 광고(출처 : 버거킹)

짐으로 밀어붙인다. 결국 그의 어처구니 없는 협상은 임금 4달러를 만들어 낸다.

해당 영상은 유튜브 시대의 도래와 함께 젊은층에게 인기를 얻으며 좋은 반응을 얻었다. 버거킹은 이 점에 주목해 4,900원 선인 자사 햄버거 세트 가격에 착안해 주문대 앞에서 연신 "사딸라"를 외치는 김영철의 모습을 광고로 담아낸 것이다.

이 광고 하나로 그는 역주행의 이야기를 썼다. 과거의 사딸라는 현재에 다시 사딸라로 살아났고, 어린 친구들이 그의 모습을 보면서 사딸라 아저씨를 외친다. 〈야인시대〉는 2002~2003년에 방송된 드라마다. 지금의 초중고생은 그가 〈야인시대〉에서 연기를 펼칠 때 이 세상에 없었거나 매우 어렸다. 하지만 그 친구들은 김영철을 보면 어김없이 사딸라를 외친다. 그야말로 기가 막힌 역주행이다. 대중들의 반응에 따라 과거의 콘텐츠도 다시 살아날 수 있다는 사실을 입증한 좋은 사례가 된 것이다.

과자 포장도 역주행의 흐름을 따른다
⋮

각종 레트로(복고) 열풍도 같은 관점에서 보면 좋다(레트로 열풍은 10장에서 자세히 다룬다). 과자 업계의 현재를 보자. 이미 나올 거 다 나왔다. 그만큼 많은 과자들이 시중에 나와 있다. 어느 한 회사가 제품을 내놓으면 비슷한 형태의 다른 제품들이 출시되는 경우가 다반사다. 그러다 보니 고르기 귀찮은 대중들은 항상 먹던 과자만 먹는 성향을

과자 포장도 역주행의 시대(출처 : 삼양식품)

드러냈다. 일종의 정체기가 온 것이다.

이 정체 현상을 깨뜨리기 위해 과자업계가 눈을 돌린 건 바로 포장
이었다. 패키지를 바꾼 한정판으로 다르게 보일 수 있는 1mm를 공
략한 것이다. 여기서 주요한 아이디어를 제공한 게 바로 과거의 역사
였다. 과거의 디자인들로 포장을 변경하며 기성세대에게는 추억을,
젊은 세대에게는 신기함을 가져다 줬다. 과거를 되돌리는 역주행의
현상이 폭넓게 일어나고 있는 것이다.

콘텐츠 생명 연장의
비밀

콘텐츠, 대중의 손끝에서 다시 태어나다
⋮

대중시대의 개막은 콘텐츠의 생명력 주기에 새로운 바람을 불러왔다. 대중사회의 시작을 알린 〈대중사회론〉은 1920년대 서구 근대사회의 변화를 설명하기 위해 등장한 이론이다. 당시 참정권의 확대, 문화산업의 점진적 성장, 대중매체의 보급으로 인해 대중들은 진정한 '자유주의적' 삶을 누릴 수 있었지만, 그 범위가 너무 좁았다.

엘리트주의적 사회에 대중들이 도전하기가 쉽지 않았다. 모든 요소에 주도권이라는 게 존재했고, 그 주도권은 자본과 권력에 집중되어 있었다. 목소리를 내려고 해도 들어줄 사람이 많지 않았다. 대중문화도 '대중'의 개념보다는 정치적으로 움직이거나 자본에 따라 선별되는 경우가 많았다. 대중들이 매스미디어라고 부를 만한 수단은 TV와 라디오, 신문이 전부였다. 하지만 이들은 모두 일정한 방향성

을 가지고 있어, TV와 라디오 방송은 만드는 사람들의 의도가 반영
될 수밖에 없었다. 신문 역시 '편집 방향'이라는 게 존재했다. 즉, 대
중들이 접하는 매스미디어의 콘텐츠는 한 번 가공되어져 나온 인위
적 요소가 강했다.

하지만 지금의 트렌드는 다르다. 꼭 TV와 라디오, 신문이 아니어
도 즐길 수 있는 매체가 많아졌다. 유튜브를 통해 자신이 원하는 콘
텐츠를 골라볼 수 있고, 심지어 콘텐츠가 마음에 들지 않으면 본인이
직접 나서서 방송을 할 수 있는 시대가 되었다. 대중들이 콘텐츠의
흥망성쇠를 결정하는 시대가 열린 것이다.

역주행이라는 현상은 이러한 변화를 대변한다. 과거라고 해서 그
냥 추억으로만 남는 건 아니다. 언제든 다시 생명력을 얻을 수 있으
니 대중들에게 각인시키고 퍼트려야 한다는 개념이 정립되었다. 과
거에는 음악도 영화도 발매와 개봉 시기 이후에는 별다른 움직임이
없었다. 하지만 지금은 커버곡으로 소화하고, 리메이크로 다시 소비
한다. 재개봉으로 다시 보고, 리뷰로 다시 말한다. 또 자신만의 주제
에 따라 각종 콘텐츠를 분류하며 즐긴다. 나왔을 때에만 반짝하며 생
명력을 잃어버리는 시대는 지났다는 것이다.

롱테일의 80%를 차지하는 일반 대중들은 이제 각자의 기호에 맞
는 자신들만의 이야기를 즐긴다. 어떤 사람은 아이돌 음악을 듣지만,
누군가는 80년대 음악을 듣고, 또 다른 사람은 트로트를 듣는다. 각
자의 기호에 맞게 세분화되면서 콘텐츠는 언제든 역주행할 수 있는
기회가 생겼다.

콘텐츠의 생명력을 늘리기 위한 세 가지 조건

⋮

이런 변화에 맞춰 콘텐츠 제작자들은 다음의 3가지를 반드시 염두에 두어야 한다.

첫 번째는 콘텐츠 완성도에 신경을 써야 한다. 아무리 역주행이 대세라지만, 결국 좋은 콘텐츠가 기억되고 다시 살아나는 것이다. 자본에 종속되어 똑같은 콘텐츠를 찍어낸다면 대중들의 선택을 받기 어렵다. 해외 시장에서 늘 지적하는 획일적인 케이팝의 문제점은 연습생 시스템 때문이라고 보는 사람들이 많다. 똑같은 구조에서 똑같은 사람들이 가르쳐서 키워내는 연습생들이 무대에 섰을 때 결국 보여줄 수 있는 것이 똑같다는 지적이다.

앞서 언급했듯 이미 대중들이 즐기는 콘텐츠는 세분화되어 가고 있다. 이런 현실에서 주목받을 수 있는 가장 기본적인 조건은 다시 돌아보고 싶게 만드는 질 좋은 콘텐츠다. 다른 사람들과 다르게 보일 수 있는 아이디어와 고민이 이런 선택을 만든다는 사실을 반드시 새겨야 한다.

두 번째는 대중들의 요구를 면밀히 파악해야 한다. 역주행의 원동력이 대중의 힘이라는 걸 생각하면, 대중들이 원하는 사항들을 미리미리 반영할 수 있어야 한다. 물론 콘텐츠에 100% 대중들의 요구를 녹여내긴 쉽지 않다. 다만 시대별로 변하는 대중들의 욕구를 미리 파악해 콘텐츠에 반영할 필요가 있다는 뜻이다.

역주행 음원들은 모두 대중들의 지지와 함께 다시 차트에 올랐다. 특히 SNS에서 폭발적인 반응을 얻었다는 건 그만큼 대중들이 원했던 콘텐츠라는 뜻이 된다. 콘셉트와 스타일도 중요하지만 그만큼 콘텐츠 생산자가 원하는 생각만 반영하려 하지 말고 대중들을 끌어안을 수 있는 포용력이 필요한 것이다.

다른 산업계에서도 광고나 각종 홍보를 집행할 때 대중들의 스타일을 면밀하게 관찰할 필요가 있다. 원하는 방향성이 아닐 경우 외면받을 확률이 그만큼 높아지기 때문이다. 홍보전략 하나도 대중들의 요청을 적절히 반영한다면 단순한 홍보에 그치지 않고 하나의 현상으로 발전할 수 있다.

세 번째는 '시의성'을 항상 염두에 두어야 한다. 일명 '벚꽃좀비'로 불리는 버스커 버스커의 '벚꽃엔딩'은 봄철만 되면 차트에 나타나 활약한다. 하이포와 아이유가 함께 한 '봄, 사랑, 벚꽃 말고' 역시 같은 계절에 큰 사랑을 받는다. 과거 씨스타와 현재 레드벨벳은 '썸머퀸'이라는 수식어를 얻으며 눈길을 끌었다. 대중들의 고른 지지를 받으며 여름마다 음악을 히트시키는 건 물론이다.

시의성이라는 것이 늘 옳진 않지만 적어도 사람들의 마음속에 무언가를 떠오르게 만드는 마력이 있다. 식사시간이 되면 밥을 먹고 싶고, 잘 시간이 되면 졸리듯 자연스럽게 머릿속에 각인되는 효과가 있는 것이다. 그래서 '슬플 때 듣는 음악' '사랑에 빠졌을 때 봐야 할 영화' 등 특정 상황에 어울리는 콘텐츠들이 각광받기도 한다. 이렇게 주제를 정했을 때 떠오르게 되는 콘텐츠는 역주행, 즉 매년 새로운 생명력을 얻을 가능성이 높다. 때와 장소에 따라 생각날 수 있는 콘텐츠를 기획해 대중들에게 공감을 얻는다면 롱런의 가능성을 높일 수 있다.

'그들'을 중심으로
만들어라

대중의 목소리에 귀를 기울여라
⋮

이제 대중은 콘텐츠 소비자일 뿐만 아니라 주인공이다. 자신만의 콘텐츠를 만들어 소통구조를 만들어 낼 수 있는 세상이 된 것이다. 1인 크리에이터 시대의 개막은 이런 추세에 더욱 가속도를 붙였다.

공중파 방송에서도 유튜버를 소개하고, 심지어 케이블 채널은 그들의 콘텐츠를 방송한다. 그만큼 세상이 달라진 것이다. 셀레브리티는 만들어지는 게 아니라 '되는' 개념이 되었다.

일명 '셀럽'이라고 불리는 셀레브리티는 과거 매스미디어에 의해 만들어지는 존재였다. 대중들에게 인기를 얻을수록 더 높은 자리에 올랐고, 더 많은 미디어에 얼굴을 노출하며 존재감을 공고히 했음은 물론이다. 부와 명예가 따르는 건 당연한 일이었지만, 그럴수록 대중과는 괴리가 커졌다. 경제 규모도 사는 방식도 대중들과 너무 동떨어져 있었기 때문이다. 그래서 친근한 사람이라기보다는 다른 세상에 존재하는 사람처럼 느껴졌다.

하지만 지금의 트렌드를 보면 셀레브리티는 '스스로 되는' 세상이 되었다. 이 개념을 마이크로 셀레브리티라고 한다. '마이크로 셀레브리티'란 자신의 일상을 지속적으로 공개하며 소셜미디어를 통해 유명해지는 사람들을 뜻한다. 보통 유튜브 크리에이터나 인스타그램 인플루언서들이 이 개념에 속한다.

이들은 미디어에 의해 만들어진 셀레브리티가 아니다. 자신들이 원하는 사진과 영상을 올리고, 이를 통해 대중들의 지지를 받으며 유명해졌다. 우리의 현실과 동떨어진 곳에 존재하는 사람들이 아니고, 전혀 다른 개념의 삶을 사는 사람들도 아니다. 마이크로 셀레브리티들은 우리의 가까운 이웃처럼 평범한 일상을 영위하며 그들이 공개한 다양한 콘텐츠로 지지를 얻고 있다. 과거 셀레브리티들과는 친밀도 면에서 다르다. 대중이 셀레브리티로, 대중이 주인공이 된 것이다.

그러다 보니 대중들은 각자의 욕망을 마이크로 셀레브리티에게 투영한다. 누군가는 그들에게서 간단한 웃음을, 또 누군가는 그들로부터 정보를 얻고 싶어 한다. 또 다른 누군가는 그들과 소통하고 싶어 하고, 어떤 사람들은 단순히 지지하고 싶어 한다. 기존 셀레브리티보다 상당히 다양한 측면의 욕구를 담아낼 수 있게 된 것이다. 대중들은 이런 강점을 바탕으로 마이크로 셀레브리티들의 콘텐츠를 즐기고 있다.

게다가 마이크로 셀레브리티들의 표현에는 성역이 없다. TV나 라디오처럼 소재의 제약이 없기 때문이다. TV나 라디오는 다양한 주제를 다루고 싶어도 광고수익의 문제 때문에 결국 인기 있는 프로그램들만 살아남는다. 하지만 마이크로 셀레브리티들은 콘텐츠 중심이다 보니 자신이 하고 싶은 주제를 선보이게 된다. 다원화된 관심이 존재하는 지금의 트렌드에 매우 적합한 시스템인 것이다.

대중이 스타를 만든다
⋮

이런 변화는 콘텐츠의 방향성 자체를 다양하게 만들었다. 각자의 지지층이 생기고, 그 지지층을 바탕으로 마이크로 셀레브리티들은 수익을 만들어 가며 더 많은 콘텐츠를 생산한다. 콘텐츠가 많아질수록 대중들이 투영할 수 있는 욕구는 더 많아진다. 기존 미디어보다 열려 있는 구조가 대중들을 콘텐츠의 중심이자 주인공으로 만들어 간다.

가수 이애란의 사례를 보자. 그녀는 캡쳐로 사람들을 사로잡았다. 유머러스하면서도 직설적인 가사가 함께 나와 있는 캡쳐 사진이 인

'~전해라'로 열풍을 일으킨 이애란(출처 : 방송 캡쳐)

터넷에 공유되면서 메신저에서 텍스트를 대신하는 이모티콘의 형식으로 널리 쓰였다. 그렇게 사용하다 보니 이미지의 주인공이 누구인지, 또 위트 있는 가사는 도대체 어떤 노래인지 궁금증이 일기 시작했다. 결국 이애란은 대중들의 폭발적인 관심 속에 더 많은 활동을 펼치며 소통했고, 공중파 방송에까지 진출하며 선풍적인 인기를 끌었다. 그녀는 대중들이 만든 스타다. 대중들이 캡쳐본을 돌리며 사용하지 않았다면 그만큼 관심을 끌지 못했을 것이다. 그녀가 인기를 얻은 과정은 마이크로 셀레브리티에 가깝다. 대중들이 스타를 만들어내는 중추적인 기능을 수행한 것이다.

일명 아델 소녀로 불리는 이예진의 사례도 주목할 만하다. 이예진은 아델의 노래를 커버한 영상을 인터넷에 올리며 화제의 중심에 섰다. 어린 나이에도 불구하고 완벽한 감성을 선보이며 놀라운 보컬 능력을 보여줬기 때문이다. 대중들은 그녀의 노래 실력에 큰 호응을 보냈고, 마이크로 셀레브리티로 유명세를 타기 시작했다. 폭발적인 영상 조회수는 물론이고 각종 미디어에 소개되며 대중들의 관심은 더 늘어났다.

아델 커버 하나로 미국까지 간 아델 소녀 이예진(출처 : 유튜브 영상 캡쳐)

이예진 사례의 정점은 〈엘렌쇼〉 출연이었다. 유튜브 영상 하나로 유명해진 이예진은 미국의 간판 토크쇼인 〈엘렌쇼〉에 초대를 받았다. 그녀에 따르면 〈엘렌쇼〉에서 직접 섭외가 왔다고 한다. 라이브 영상 하나가 어마어마한 파급력을 이끌어 낸 것이다.

이애란과 이예진은 대중들이 셀레브리티를 만들어 낸 중요한 사례라고 볼 수 있다. 평범한 대중이 셀레브리티가 되고, 그들을 지지하는 것 역시 대중이다. 모든 과정을 이끌어 낸 것도 대중이다. 대중 중심 시대가 열렸다는 걸 격렬하게 증명한 것이다.

필자는 앞으로도 이런 사례들이 더 많아질 것이라고 전망한다. 미디어 환경의 변화는 새로운 플랫폼의 발전과 함께 더욱 가속화될 것이다. 플랫폼 역시 더 많아질 것이고, 일반 대중들이 셀레브리티가 될 수 있는 기회도 더 많아질 것이다.

대중의 시대는 더 빨라질 것이고, 콘텐츠의 모든 부분을 대중들이 좌지우지할 수 있는 시대가 열릴 것이다. 그간의 아쉬웠던 소통구조의 한계를 깨고, 이제 대중들이 대중문화의 전면으로 나서게 될 것이다. 역주행도 정주행도 결국 대중이 만든다. 이제 트렌드는 '대중'의 것이다. 콘텐츠 생산자들은 대중의 요구를 면밀하게 관찰하고 적극적으로 반영하려는 노력을 아껴서는 안 된다. 또한 대중을 중심에 두는 사고를 가지고 콘텐츠와 상품을 기획해야 한다는 것을 잊지 말아야 한다. 소통을 늘 최우선에 두고, 대중들이 만들어 가는 세상에 더 귀를 기울여야 할 것이다.

●

3장

미디어 플랫폼의 변화,

시작부터 세계를 노려라

플랫폼은
어떻게 변하는가?

새로운 플랫폼의 등장, 대세가 바뀌고 있다

⋮

필자는 마케팅 일을 하다 보니 유튜브와 SNS에서 많은 시간을 보내고 있다. 이 공간은 범람하는 정보로 인해 머리가 아프기도 하지만, 기존의 미디어보다 빠르고 다양하기 때문에 먼저 손이 가는 편이다. 이처럼 이제 우리가 정보를 접할 수 있는 플랫폼들이 변하고 있다. TV 채널은 전보다 많이 생겼지만 예전보다 힘을 못쓰고 있고, 텍스트로 접하던 정보들은 외면받고 있다. 모르는 개념을 발견했을 때에는 포털사이트보다 유튜브를 먼저 찾는다. 이렇듯 대중들이 지배적으로 사용하는 플랫폼이 기존의 매스미디어에서 다양한 신규 플랫폼으로 넘어가고 있다.

이런 플랫폼의 변화는 기업의 홍보에도 변화를 요구하고 있다. 대중매체에 광고를 집행하고, 언론 기사를 열심히 내는 게 기업 홍보에 있어 최고였던 시대는 끝났다. 다양한 콘텐츠를 만들어 새로운 미디어를 활용해 기업을 홍보해야 하는 시대가 열렸다. 또한 새로운 플랫폼 안에서 대중들과 적극적으로 소통해야 하는 과제가 기업들에게 던져졌다. 플랫폼의 변화가 기업의 홍보 방법 자체를 바꾸고 있는 것이다.

이런 추세는 기업 문화에도 반영되고 있다. 현대자동차를 비롯해 많은 기업들이 사내 크리에이터를 육성하겠다고 선언했다. 일명 '사내 유튜버'다. 이들의 역할은 회사의 업무와 문화를 외부에 알리는 것이다. 선결조건은 '재치 있는 입담과 트렌디한 감성'이다. 이를 위해 회사는 장비와 제작비를 모두 제공하고, 촬영과 편집 등 실소요시간을 모두 근로시간으로 인정하며 적극 지원하고 있다.

플랫폼의 변화를 이끄는 트렌드의 포인트

플랫폼이 변화하는 이유를 알기 위해서는 정보에 대한 트렌드가 어떻게 달라지고 있는지 파악해야 한다.

먼저 최근의 트렌드를 리드하는 건 '영상'이다. 책(글)의 가치가 사라지는 건 아니지만, 대중들은 길고 읽기 힘든 텍스트보다 영상을 더 선호한다. SNS에서 인기 있는 소통구조가 미디어 플랫폼에도 적용되는 것이다.

트위터는 짧고 굵은 글을 원한다. 페이스북은 글과 사진을 선호하고, 인스타그램은 사진과 영상 기반, 유튜브는 영상 중심이다. 이처럼 SNS에서 글은 사진과 영상을 보조해 주는 수단일 뿐, 전면으로 나서지 못한다. 길고 멋진 글을 올린다 한들, 시각적으로 먼저 눈에 들어오는 근사한 사진과 감각적인 영상을 따라가지 못한다. 대중들은 텍스트로 풀어야 하는 정보도 영상으로 볼 수 있길 원한다. 그래서 수많은 정보들이 영상화되어 유튜브에 업로드되고 있다.

또 다른 트렌드는 바로 스마트폰이다. 스마트폰 자체를 뜻하는 게 아니라, 스마트폰의 폭넓은 사용을 말하는 것이다. 지금 세상은 그야말로 손안의 세상이다. 스마트폰으로 못하는 게 없을 정도로 기능이 많다. 설사 스마트폰에 기능이 없더라도 어플이 이를 뒷받침한다. 업무부터 생활에 이르기까지 모두 스마트폰으로 가능해진 시대가 온 것이다.

각종 동영상 플랫폼도 사용자의 90% 이상이 스마트폰으로 접속하다 보니 스마트폰 위주로 영상을 만들고 있다. 스마트폰을 사용할 때 세로로 본다는 점에 착안해 라이브 영상을 세로로 찍어 스마트폰 화면에 최적화시킨다. 또 아무리 멋진 영상을 초고화질로 찍어낸다 한들, 작은 창으로 보는 대중들에게는 데이터만 소모할 뿐이다. 차라리 색다른 아이디어로 재미를 선사하는 짧은 영상들이 더 각광받는다. 이처럼 미디어 플랫폼의 변화는 콘텐츠의 제작방식에도 변화를 요구하고 있다.

또한 지금의 트렌드는 짧고 얕은 지식을 원한다. 트렌드 자체가 깊이보다는 짧고 다양한 것을 요구한다. 타인과의 지적인 대화에서도 얕고 폭넓은 주제가 더 사람을 빛나게 만드는 세상이다.

음악의 예를 보자. 최근 트렌드는 주제를 정해놓고 그 주제에 어울리는 음악을 선곡해 놓은 '플레이리스트'형 콘텐츠를 원한다. 플레이리스트형 콘텐츠는 음악에 대해 깊이 있는 이해를 요구하지 않는다. 적당한 지식과 분위기만 파악할 수 있다면 충분히 생산가능한 콘텐츠다.

영화계도 마찬가지다. 감독의 스타일부터 연출기법에 이르기까지 전문적인 용어를 동원한 영화 소개 프로그램보다 일반 대중의 리뷰 몇 줄이 오히려 관람에 영향을 주는 시대다. 이처럼 현 시대의 대중들이 원하는 건 얕고 폭넓은, 그래서 가볍게 접할 수 있는 지식이다.

마지막 트렌드의 변화는 정보를 취사선택하려 한다는 것이다. 대량의 정보를 접하고 그중에서 자신에게 필요한 콘텐츠를 고르는 게 아니라, 시작부터 자신이 원하는 콘텐츠만을 뽑아내는 추세가 퍼지고 있다.

이런 경향은 유튜브를 보면 쉽게 알 수 있다. 대중들은 유튜브에서 자신이 원하는 키워드로 검색해 연관된 콘텐츠만 찾아낸다. 필요 없는 콘텐츠는 애초에 검색조차 하지 않는다. 정보를 접하는 첫 단계에서부터 걸러내기가 이뤄지고 있는 것이다. 포털도 마찬가지다. 포털의 검색창은 대중에게 '너가 원하는 정보가 뭐니?'라고 묻는다. 대중들은 그저 이 질문에 대한 대답을 타이핑하고 검색하면 된다. 그러면 포털이 결과를 선택해 제시한다.

이렇게 정보에 대한 대중적 트렌드가 바뀌면서 전통적인 개념의 플랫폼들은 힘을 쓰기 어려워졌다. 효율성과 속도 면에서 비교가 안 되기 때문이다.

장보기 어플의 사례를 한 번 보자. 어플에서 필요한 걸 검색해 고르고 결제하면 새벽 배송을 통해 식료품과 생필품들을 문 앞에 가져다 준다. 이런 서비스는 달라지고 있는 트렌드에 매우 적합했다. 취사선택이 쉽고, 자신이 원하는 것만 검색해 빨리 고를 수 있다. 스마트폰으로 모든 게 해결 가능하고, 텍스트보다는 다양한 이미지를 통해 상품을 보여준다. 결국 장보기 어플들은 물리적 플랫폼에서 이루어지던 장보기 행위를 인터넷 공간이라는 새로운 플랫폼으로 가져왔다.

장보기뿐만이 아니다. 세탁·배달 등 생활에 필요한 다양한 서비스들이 모두 새로운 플랫폼에서 대중들에게 편의를 제공하고 있다. 트렌드를 정확히 읽고 움직인 결과라고 할 수 있다.

결국 전통적인 개념의 플랫폼들은 트렌드가 요구하는 새로운 요소를 따라가기 어려워 새로운 플랫폼에게 자리를 내주는 형국이다. 기존의 플랫폼들도 변화를 꾀하기 위해 노력하고 있지만, 새로운 플랫폼만큼 움직임이 빠르고 쉽지 않다. 기업화되어 있는 의사소통구조는 늘 정해져 있는 의사결정방식을 동반한다. 하지만 가볍고 빠른 플랫폼은 이런 과정들을 생략하고 먼저 움직이기 쉽다. 앞으로의 플랫폼 싸움에서도 새로운 플랫폼들이 주도권을 쥐고 흔들 것이라는 예측이 가능해지는 부분이다.

대중은 플랫폼에
무엇을 원하는가?

대중들이 플랫폼에 기대하는 세 가지
⋮

그렇다면 대중들은 트렌드를 이끄는 플랫폼에 무엇을 기대할까?

첫째는 속도다. 취사선택도 빠르게 이뤄지길 원하고, 빠른 시간 안에 소비할 수 있길 원한다. 시간은 금이다. 현대사회의 대중들은 일도 하고, 여가도 즐기고, 각자의 자기계발에도 신경써야 하는 숙명을 가지고 있다. 이 모든 걸 소화하기 위해 시간을 쪼개야 하는 만큼, 속도는 중요한 선택기준이 될 수밖에 없다.

그래서 유튜브나 SNS에 올라오는 영상들은 긴 경우가 드물다. 무게감 있는 콘텐츠일 경우에도 대개 20~30분을 넘지 않는다. 대다수의 영상들은 3분 내외이고, 만약 콘텐츠 자체가 길면 나눠서 올리거나 핵심만 뽑아 업로드한다. 대중들이 늘어지는 시간을 원하지 않기 때문이다. 스마트폰을 붙잡고 50분이 넘게 하나의 영상을 보는 것은 쉬운 일이 아니다. 필요한 정보만 빨리 보고 얻는 것, 효율적인 정보 선택을 원하는 것이다.

둘째는 참여다. 자신들의 의견이 끊임없이 반영되고, 다양한 방법으로 의견을 표출하길 원한다.

'Pick Me Up'으로 '국민 프로듀서' 열풍을 일으킨 〈프로듀스 101〉의 핵심은 바로 선택 과정에 대한 참여였다. 자신이 좋아하는 연습생을 순위권 안에 들게 해 데뷔할 수 있게 한다는 사실 자체만으로도 참여를 해야 하는 의미가 확실했다. 자신이 좋아하는 아이돌 스타를 직접 데뷔시킬 수 있다면 본인이 아이돌 그룹을 만드는 듯한 착각을 불러일으키는 최고의 참여형 콘텐츠가 아니겠는가?

아니나 다를까 〈프로듀스 101〉은 선풍적인 반응을 일으키며 큰 인기를 모았다. 프로그램을 통해 데뷔한 아이돌 그룹이 차트와 광고계를 휩쓴 건 물론이고, 각종 SNS와 커뮤니티까지 모두 장악하며 화제

대중 참여를 기반으로 열풍을 일으킨 프로듀스 101(출처 : CJ E&M)

의 중심에 섰다. 대중들은 조직적으로 움직이며 자신이 좋아하는 참가자를 홍보했다. 주요 지하철역 광고판에는 참가자들의 광고가 수시로 붙으며 인증 대란을 불렀다. 이처럼 〈프로듀스 101〉의 사례는 요즘 트렌드에서 원하는 참여의 개념을 한 단계 더 끌어올렸다.

물론 기존에도 참여할 수 있는 프로그램들은 많이 있었다. 방송국 가요 프로그램의 순위 집계에도 참여할 수 있고, 음원 사이트에서도 스트리밍 청취를 통해 자신이 원하는 가수의 순위를 결정하는 데 참여한다. 하지만 그렇게 해서 1위를 한다 한들, 대중이 느낄 수 있는 성취감은 그리 크지 않았다. '내 가수'가 1등을 했다는 것뿐, 1위를 통해 느끼는 기쁨은 가수의 것이다. 하지만 〈프로듀스 101〉은 참가자와 대중들이 소통하며 참여의 개념을 입체적으로 만들어 성취감을 이뤄낼 수 있는 새로운 구조를 제시했다. 방송이라는 전통적인 플랫폼, SNS와 각종 뉴미디어라는 새로운 플랫폼을 적절히 버무려 대중이 원하는 참여의 방식을 창출한 좋은 사례다.

셋째는 접근성이다. 플랫폼은 접근이 쉬워야 한다. 대중이 어디에 있더라도 볼 수 있어야 하고, 보고 싶은 순간에 대중 곁에 있어야 한다.

전통적인 개념의 플랫폼은 접근성 면에서 아쉬움이 많았다. 과거에는 콘텐츠를 송출해 주는 수단이 있는 곳까지 대중이 직접 이동해야 했다. 드라마 본방 사수를 위해서는 집에 들어가야 했고, 라디오에 보낸 사연이 채택되어 나오는지 확인하려면 역시 집에 가야 했다.

하지만 이제 시대가 달라졌다. 본방 사수를 위해 꼭 집에 갈 필요 없이 스마트폰이나 모바일 기기로 혼자서 또는 다른 사람들과 함께 콘텐츠를 즐길 수 있다. 심지어 원하는 시간에 원하는 부분만 볼 수도 있다. 유튜브와 각종 동영상 플랫폼에는 하이라이트 영상도 숱하게 올라온다. 접근성이 훨씬 좋아진 것이다.

이런 상황에 익숙해진 지금의 대중들은 접근성이 편한 플랫폼을 원한다. 스마트폰으로도 언제든 접근가능하고, 빠르게 접근해 취사선택이 가능한 플랫폼을 요구하고 있다. 'V Live'는 이런 접근성 면에서 남다른 편의성을 제공하며 대세로 등극했다. 아이돌 팬들은 자신의 스타가 나오는 콘텐츠를 언제나 즐기고 싶어 한다. 그래서 여가 시간이나 이동시간을 활용해 콘텐츠를 보고 싶을 때 언제든 볼 수 있도록 'V Live'가 적합한 환경을 제시한 것이다.

'V Live'는 자신이 원하는 시간에 언제든 스타의 콘텐츠에 접근이 가능하다. 게다가 모바일 기기에 최적화되어 있어 사용이 편리하다. 어디 그뿐이랴. 본인이 원하는 스타가 라이브 방송을 하면 실시간으로 볼 수도 있고, 놓치면 다시 볼 수도 있다. 언제, 어디서든 말이다.

최적의 접근성으로 'V Live'는 엔터테인먼트 콘텐츠를 즐기는데 있어 빼놓을 수 없는 플랫폼이 되었다. 조회수로 팬들끼리 은근한 자존심 싸움까지 벌어질 정도다. 이런 접근성은 한 가지 더 큰 의미를 갖는다. 바로 '공간'의 초월이다.

스타들의 소통 창구 중 가장 유력한 채널로 떠오른 V Live(출처 : 네이버)

시공간을 초월한 플랫폼의 등장

⋮

케이팝 열풍이 전 세계로 뻗어 나가면서 해외 팬들은 지금 이 순간에도 계속 증가하고 있다. 하지만 해외 팬들은 좋아하는 스타를 직접 접하기 어렵다. 해외 투어나 프로모션을 하지 않는 이상, 케이팝 가수들의 활동은 국내를 중심으로 이뤄지기 때문이다. 좋아하는 스타를 만나기 위해 매번 대한민국을 방문한다는 것은 경제적·시간적으로 쉽지 않은 일이다. 그래서 이들에게는 공간을 초월해 접근가능한 플랫폼의 존재가 절실했다.

새로운 개념의 플랫폼들은 이런 팬들의 요구에 적합한 환경을 제공했다. 앞서 언급한 V Live나 유튜브, 각종 SNS 플랫폼은 스마트폰이나 인터넷만 연결되면 언제 어디서든 접근이 가능하다. 해외 케이팝 팬들은 이러한 플랫폼을 통해 좋아하는 가수의 각종 콘텐츠를 소비하고, 그들의 일상을 들여다 보며 즐거워한다. 플랫폼에서 콘텐츠를 접하고, 그들의 SNS에 가서 '좋아요'를 누른다. 꼭 대한민국까지 오지 않아도 '내 가수'의 콘텐츠를 소비하는 게 가능해진 것이다. 이렇게 속도와 참여, 접근성에 대한 대중의 니즈가 플랫폼 자체를 바꾸고 있다.

글로벌 콘텐츠의 조건

콘텐츠의 새로운 목표, 글로벌 감성
⋮

플랫폼의 변화는 콘텐츠의 목표도 변화시키고 있다. 이제는 시작부터 전 세계를 겨냥한다. 유튜브에 올리는 영상도 전 세계 사람들이 공감할 수 있도록 초기 기획 단계부터 차별화를 꾀한다. 신규 드라마는 국내 방영과 함께 넷플릭스를 통해 해외 시청자들을 공략한다. 국내에서 흥행해야 해외로 나간다는 과거의 공식은 이제 설득력을 잃고 있다.

군이 한마디로 정의하자면 '글로벌 감성'의 시대다. 플랫폼의 변화와 함께 콘텐츠의 목표는 바로 글로벌 감성을 담아내는 것으로 옮겨가고 있다. 그렇다면 도대체 글로벌 감성이란 무엇일까?

첫 번째는 모두가 공감할 만한 키워드다. 대표적인 키워드가 바로 '성장'과 '발전'이다. 먼 곳에서 사례를 찾을 필요도 없다. 방탄소년단의 케이스를 보면 알 수 있다. 방탄소년단은 데뷔 이후 멤버들이 나이를 먹어가며 느끼는 감정과 성장통, 그리고 성숙해지는 모습들을 그들의 이야기를 통해 음악으로 풀어냈다. 사람들이 성장하며 느끼는 감정은 대부분 비슷하다. 사춘기를 넘어 어른이 되는 과정에서 고민의 크기도 커지며 세상을 보는 시각도 서서히 살찐다. 이런 인류 보편적인 가치를 제대로 표현해 내는 게 글로벌 감성의 일부다.

트렌드는 이런 보편적인 가치에 좀 더 주목하라고 이야기한다. 전 세계 사람들이 함께 고개를 끄덕일 만한 내용이 들어 있어야 공감을 끌어낼 수 있기 때문이다. 즉, 사람이라면 누구나 겪을 만한 감정과 고민을 좀 더 면밀한 눈빛으로 바라보는 것이다. 여기서 선결조건은 '면밀한 눈빛'이다. 단순히 소재로 활용할 만한 보편적인 이야기를 찾는 게 아니라, 그 이야기를 자신만의 스토리와 감성으로 말하라는 것이다. 그게 바로 글로벌 감성의 시작이다.

두 번째는 'B급 감성'이다. 웃음이나 원초적인 코드를 이용하는 B급 감성은 전 세계적으로 통하는 코드 중 하나다. B급 감성은 특정 코드를 패러디하는 것, 과장된 스타일로 내용을 만들어 내는 것이다. 다소 어울리지 않는 소재들을 한 곳에 버무려 각종 이미지나 영상을 만들어 내는 방식도 포함한다.

글로벌 감성을 관통하는 트렌드 중 하나는 복잡하고 생각을 많이 해야 하는 무거운 콘텐츠를 반기지 않는다는 것이다. 'B급'은 이런 트렌드에 정확히 맞아떨어진다. 많은 생각을 할 필요도 없고, 복잡하게 의미를 해석할 필요도 없다. 원초적인 코드를 느끼고, 웃음을 유발하는 내용에 한 번 박장대소하면 그만이다.

〈킹스맨〉의 열풍은 각종 패러
디 및 스타일 코드 차용으로까
지 이어졌다(출처 : 이십세기폭
스코리아)

영화 〈킹스맨〉의 성공을 보라. 〈킹스맨〉은 분명 잘 만든 액션영화
지만, 영화 속에 등장하는 캐릭터들은 다소 원초적이고 황당하다. 하
지만 관객들은 B급 요소마저 킹스맨의 매력이라고 봤고, 결국 전 세
계적으로 흥행에 성공했다. 관객들이 기대한 건 킬링타임이다. 자신
들이 시간 내서 본 영화가 엄청난 의미를 가지기보단, 정말 재미있길
바란 것이다.

B급 콘텐츠는 이런 바람에 기댄다. 기가 막히게 재미 있으면 그걸
로 된 것이다. 그 이상의 의미는 또 다른 곳에서 찾으면 그만이다. 킹
스맨의 캐릭터는 짧은 시간에 머릿속에 들어온다. 복잡한 사고과정
을 요구하지 않지만 강렬하게 인상에 남는다. 그런 부분에 기대어 영
화는 성공을 거뒀다. B급 감성이 글로벌한 감성 중 하나라는 사실을
입증했음은 물론이다.

세 번째는 오리지널리티와 트렌드를 적절하게 뒤섞는 감각이다. 이는 특별히 지칭할 만한 용어가 마땅치 않아서 '센스' 정도로 표현하고자 한다.

오리지널리티와 트렌드 사이에서 적정한 선을 찾는다? 이건 정말 센스 넘치는 일이 아니겠는가? 정확히 말하자면 글로벌 트렌드를 반영하는 일은 누구나 할 수 있다. 조금만 조사해 보면 어떤 게 유행인지 알 수 있기 때문이다. 하지만 자신만의 정체성을 넣어서 선보이기란 쉽지 않다. 정체성이 너무 들어가도 이질감이 느껴지고, 너무 안 들어가도 뻔해 보이기 때문이다.

방탄소년단은 여기에서도 좋은 해답을 제시했다. 본인들의 음악에 영미권 음악의 트렌드를 적절히 반영했다. 한글 가사와 가요적인 요소들을 배합해 '방탄소년단 스타일'을 만든 것이다. 만약 방탄소년단이 지나치게 가요적인 요소들만 넣었다면 해외 팬들에게는 다소 어색한 부분들이 많았을 것이고, 또 너무 영미권 스타일만 따라갔어도 그저 그런 똑같은 음악들 중 하나가 되었을 것이다. 방탄소년단은 센스를 발휘해 자신들만의 음악을 만들었다.

동요 '상어가족'도 같은 맥락에서 바라보면 좋을 것이다. '상어가족'은 새로운 케이팝 흐름의 주역이다. 빌보드 메인 차트에도 오르고, 많은 스타들이 노래와 율동을 따라 하며 선풍적인 반응을 보였다. '상어가족'은 국내 동요의 강점 중 하나라 할 수 있는 따라 하기 쉬운 후렴구를 이용해 해외 대중들의 마음을 사로잡았다. 여기에 쉽게 접근할 수 있는 만국 공통어인 의성어를 이용해 대한민국 감수성과 해외 감성을 동시에 사로잡았다.

빌보드 차트에까지 오른 상어가족(출처 : 핑크퐁)

이런 강점은 영상시대에 맞춰 수많은 패러디 영상들을 만들어 냈다. 오리지널리티와 트렌드를 적절하게 반영하는 것이 전 세계를 사로잡을 수 있다는 사실을 '귀엽게' 입증해 낸 것이다.

기획 단계부터 글로벌을 고민하라

콘텐츠 생산자와 기업은 기획 단계부터 글로벌 시장을 생각해야 하는 시점에 와 있다. 앞서 언급한 것처럼, 과거에는 국내에서 인정받은 콘텐츠나 제품이 해외시장에 진출하는 경우가 많았다. 하지만 성공한 사례로 기억에 남는 건 드물다. 글로벌 감성이 결여되었기 때문이다. 국내에서 잘된 콘텐츠와 제품은 말 그대로 '국내용'이다. 국내 대중들의 눈높이에 맞는 콘텐츠와 제품이 해외 대중들의 기준에도 맞을 거라는 보장이 없다. 그런데도 국내에서의 성공에 자신감을 얻은 콘텐츠와 제품들은 앞다투어 해외로 나갔고, 대부분 쓴맛을 봤다. 이들은 대부분 시작부터 글로벌 시장을 고려하지 않았다. 단지 국내에서 성공했다는 자신감이 무기였고, 준비는 분명 많이 부족했다.

하지만 방탄소년단의 사례는 과거의 시도들과 많이 달랐다. 적극적인 소통으로 해외 대중들이 원하는 니즈를 파악했고, 글로벌 감성을 적절히 섞은 음악으로 전 세계 사람들이 열광할 수 있는 완성도를 담았다. 기획 단계부터 글로벌 시장을 고려한 후 현재의 시장 상황을 면밀하게 파악하고 빈틈없이 준비한 노력이 방탄소년단의 성공을 만든 것이다. 이들의 성공을 보고 시작부터 철저한 준비를 통해 글로벌 시장에 진출해야 한다는 인식이 산업 전반에 퍼지게 되었다.

변수가 있을 수는 있겠지만, 이제 국내에서 음원을 발표하면 직배사를 통해 애플뮤직에 등록하여 국내 발매와 거의 동시에 글로벌 서비스가 가능해졌다. 뮤직비디오는 유튜브를 통해 바로 해외 팬들에

이제 음원은 국내 출시 타이밍과 거의 동시에 세계로 서비스된다(출처 : 애플뮤직)

NETFLIX

콘텐츠의 목표를 '세계'로 만들고 있는 넷플릭스(출처 : 넷플릭스)

게 서비스된다. 시간 차 없이 해외 팬들 역시 국내 팬들과 동시에 콘텐츠를 소비할 수 있게 된 것이다.

드라마 역시 넷플릭스를 통해 국내 방송 시작과 함께 내보내 해외 소비자들도 바로 접할 수 있게 되었다. 또 방송사들은 자체 유튜브 채널에 방송과 드라마의 하이라이트를 본방과 동시에 서비스하고 있다. 본방을 놓친 시청자, 핵심만 보고 싶은 시청자 또는 국내 방송 소식을 듣고 애타게 기다렸던 해외 시청자에게까지 시장을 넓히고 있는 것이다.

콘텐츠가 전 세계로 나갈 수 있는 시대다. 이제 콘텐츠 생산자와 기업들에게는 국내와 글로벌 시장을 함께 공략해야 하는 과제가 주어졌다. 이미 송출할 수 있는 플랫폼은 많아졌고, 홍보와 소통을 벌일 수 있는 공간도 다양해졌다. 굳이 해외로 나가서 큰 홍보비용을 들이지 않아도 그들의 마음을 읽고 콘텐츠와 상품을 소개하는 게 가능해졌다. 콘텐츠와 상품을 팔 수 있는 시장이 '국내'만이 아니라 '세계'로 넓어졌고, 이를 통해 부가가치를 창출해 더 많은 수익을 기대할 수 있는 상황이 된 것이다.

새로운 성공조건을
제시하다

세계와 소통하는 시대, 대한민국 산업계 전반이 현실의 변화를 바탕으로 수많은 활동을 하고 있다. 지금의 트렌드가 말하는 성공의 조건은 무엇일까?

다양성이 필요하다
⋮

우리나라는 지금 산업계 전반에 걸쳐 '방탄소년단'에 물들어 있다. 그들의 성공 사례를 분석하고, 그들이 걸어온 길을 돌아보며 미래를 논하고 있다. 하지만 여기서 문제는 '방탄소년단화'를 꿈꾸는 산업 주체들이 너무 많다는 것이다. 방탄소년단의 성공은 철저한 준비와 소통으로 이뤄진 결과다. 지금의 자리에 오르기까지 얼마나 많은 노력을 기울였을지는 상상조차 하기 힘들다. 그 노력의 결과로 전 세계에서 주목받는 주인공의 위치를 지켜내고 있는 것이다.

하지만 한편에서는 방탄소년단의 성공만 보고 아이돌 그룹들이 꾸준히 생겨나고 있다. 또 완벽한 준비 없이 해외시장에 나가 승부를 보겠다는 생각으로 그룹을 해외에서 활동시키는 사례 역시 늘고 있다. 이 때문에 해외시장에서는 끊임없이 비판의 목소리가 나오고 있고, 국내에서도 관계자들을 중심으로 자성의 소리가 높아지고 있다. 방탄소년단의 성공을 발전적으로 받아들일 수는 있지만 '제2의 방탄소년단'이 목표가 아니라 '제1의 그들'이 되어야 하는 것이다.

방탄소년단을 보며 해외 대중들의 눈높이는 이미 많이 높아져 있다. 케이팝 콘텐츠에 기대하는 바도 그만큼 커졌고, 더 진일보한 음악을 원하고 있다. 이런 믿음 때문에 대한민국에서 온 가수라고 하면 달려가 환호한다. 각종 공연 및 행사장에 가서 대한민국 가수를 지켜본다. 그런데 충분한 준비 없이 일명 '찍어내기'식 기획에 의해 만들어진 가수들은 이런 믿음에 큰 상처를 줄 수 있다. 자칫 글로벌한 소통을 원하는 팬들에게 획일화된 콘텐츠의 문제점을 드러내며 우리 음악계 전체에 대한 실망감을 줄 수 있기 때문이다.

따라서 다양한 아이디어와 가수의 재능을 바탕으로 새로운 콘텐츠를 발굴해야 한다. 최대한의 노력을 기울여 해외 대중들에게 그들이 원하는 콘텐츠를 선택할 수 있는 다양성을 제공해야 한다.

대중의 목소리를 경청하라

다른 산업 환경도 마찬가지겠지만, 트렌드에 의해 어떤 열풍이 불면 제품부터 광고까지 비슷한 스토리가 쏟아진다. 유사 제품들이 너무 많이 시장을 장악한다. SNS 홍보는 소위 잘된다는 것들을 참고해 코드까지 유사하다. 이런 상황에서 대중들은 쉽게 피로감을 느낄 수밖에 없고, 이는 브랜드 자체에 대한 실망으로 이어지게 된다.

대중들은 자신의 노력으로 벌어들인 돈으로 최대의 만족감을 얻기 위해 선택의 시간을 가진다. 생산 주체들은 이 소중한 기회에 대중들과 진정한 소통을 통해 그들이 무엇을 원하고 좋아하는지 알아내야 한다. 이때 참고해야 할 건 '남이 뭘 해서 잘되었는가'가 아니라 '지금 대중이 우리에게 무엇을 원하고 있는가'가 되어야 한다.

아이돌 그룹에서 최초로 '포카리걸'이 된 트와이스는 대중들과 소통을 하는 과정에서 만들어진 모델이다. 인기 걸그룹인 트와이스는 데뷔 때부터 청량하고 파워풀한 콘셉트를 선보이며 해당 음료와 이미지가 잘 맞는다는 평가를 들어왔다. 대중들은 직접 브랜드 홈페이지 및 SNS를 통해 트와이스가 모델을 하면 좋겠다는 의사를 피력했다. 브랜드는 이를 무시하지 않고 검토해 결국 트와이스는 아이돌 그룹 최초로 모델이 되는 영예를 안았다.

이는 물론 매우 단편적인 부분이다. 브랜드가 모델을 검토할 때 대중들의 이야기를 참고는 하겠지만 전적으로 의존하지는 않는다. 브랜드는 자신들만의 의도가 있고, 또 대중들에게 보여주고 싶은 브랜드 스토리에 따라 모델을 선정하기 때문이다. 하지만 지금의 트렌드

브랜드와 소비자 간 소통의 사례가 된 트와이스 모델 발탁(출처 : 동아오츠카)

에서 볼 때 대중들이 어떤 이야기를 하고 있는지 한 번쯤 참고할 필요가 있다는 건 분명한 사실이다. 빅데이터 시대 아니겠는가. 빅데이터를 이용해 브랜드와 연관된 키워드로 언급되고 있는 인물들만 분석해 봐도 답은 나온다. 대중들의 시선에서 소통하고, 끊임없이 그들의 이야기를 들어보려는 노력이 지금의 환경에서는 필요하다.

완벽한 전달과 시장조사는 또 다른 필요충분조건이다
⋮

필자가 말하고픈 성공의 조건은 다양성과 소통 말고도 더 있다. 바로 완벽한 전달과 시장조사다. 완벽한 전달은 해석까지 모두 포함하는 개념이다. 방탄소년단의 의미 있는 가사를 해외 팬들에게 완벽히 전달하는 건 팬들의 자발적인 번역이 있기에 가능했다. 방탄소년단의 팬들은 다소 난해할 수 있는 한글 표현들을 각 나라의 감성에 어울리는 언어로 자막을 넣어 유튜브와 SNS를 통해 소개했고, 집단지성의 힘으로 의미의 전달은 더욱 명확해 졌다.

작가 한강이 《채식주의자》로 맨부커상을 수상할 수 있었던 가장 큰 원동력 중 하나도 번역의 힘이었다. 좋은 작품을 그들의 언어로 잘 번역하는 과정을 통해 이해도를 높였기 때문에 인정받을 수 있었다. 즉, 콘텐츠 제작자들은 기획 단계에서 해외에 소개할 콘텐츠를 어떻게 전달할 것인지 사전에 철저히 계획하고 움직여야 한다.

아무리 좋은 콘텐츠라도 상대방이 이해할 수 없다면 큰 의미가 없다. 이해도를 높이기 위해 완벽하게 전달할 수 있는 방법을 반드시 고민해야 한다. 이는 드라마, 영화, 광고에도 똑같이 적용된다. 그들이 이해할 수 있는 영상, 이해할 수 있는 내용을 통해 최대한 가깝게 다가갈 수 있도록 최선의 노력을 기울여야 한다.

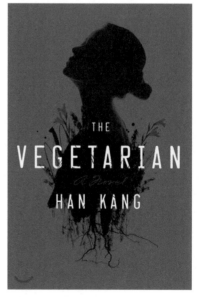

《채식주의자》의 영어판 표지
(출처 : PortobelloBooksLtd)

그리고 완벽한 전달을 위해서는 높은 수준의 시장조사가 이뤄져야 한다. 이때 성공사례를 분석하고 이를 통해 교훈을 얻는 과정은 너무나 당연하다. 이런 지식들을 바탕으로 진출하려는 시장에 대해 정확히 이해한 후 다음 과정들을 진행할 필요가 있다. 아직까지 우리 산업계에는 '우선 부딪혀 보자'는 인식이 너무 강하다. 물론 도전정신은 존중받아야 하고 박수받아야 한다. 하지만 준비되지 않은 상황에서의 활동은 넘을 수 없는 벽을 만나면 좌절하게 된다. 모든 상황을 예측할 수는 없겠지만, 적어도 현지에서 콘텐츠를 접했을 때 나올 수 있는 각종 반응과 호불호 등은 사전에 인지하고 반영할 수 있어야 예상치 못한 문제들에 대응할 수 있다.

4장

•

큐레이션,

너를 분석해 줄게

큐레이션,
서비스의 기준이 되다

큐레이션, 대중 기반 서비스의 필수조건
⋮

선택장애에 봉착한 나를 발견하는 날이 많다. 짜장면과 짬뽕 사이에서 뭘 먹을지 선택하는 건, 누군가에게는 사소한 일일지도 모르겠지만 적어도 필자에게는 늘 어려운 일이었다. 짬짜면이 나오기 전까지는 말이다. 꼬마들에게 인생의 첫 번째 고비(?)로 평가받는 "엄마가 좋아, 아빠가 좋아?"도 정말 어려운 선택이다. 엄마한테 안겨야 할지, 아빠한테 안겨야 할지 고민하는 꼬마의 얼굴은 멘붕 그 자체다. 물론 누구를 선택해도 이 선택의 결과는 "아이고 우리 아기"라는 말로 훈훈하게 끝나겠지만 말이다.

사람들은 늘 선택의 순간에 놓인다. 사랑도 그렇고, 일도 그렇다. 선택은 우리 삶에 있어서 빼놓기 어려운 단어고, 선택 때문에 늘 고민하게 된다. 하지만 성공한 선택도, 실패한 선택도 모두 우리의 인생을 살찌운다.

필자는 20대 중반에 큰 선택의 순간에 놓였던 적이 있다. 한 가지를 선택하면 다른 한 가지는 포기해야 하는 상황이었다. 하나를 결정하면 왠지 빠르게 후회할 것 같아 몇 번을 망설이며, 꽤 많은 시간을 낭비했다. 결국 한 가지를 택했지만, 그 선택의 기준은 어떤 정확한 근거라기보다는 마음의 소리였다. 이때 만약 눈에 보이는 트렌드가 있어 그것을 따랐다면 이 선택의 근거가 조금은 더 명확해지지 않았을까 하는 생각이 든다.

빅데이터 시대가 열리면서 사람들의 행동과 관심사가 데이터화되고 있다. 만약에 꿈을 향한 필자의 선택도 평소 언급한 단어들, 검색해 본 정보들 그리고 즐겨 사용한 콘텐츠들을 기반으로 분석된 자료가 있었다면 좀 더 명확하게 한 가지를 결정할 수 있었을 것이다. 고민의 정도와 선택의 근거가 그만큼 데이터를 통해 명확히 드러날 수 있기 때문이다.

그렇다. 기계가 나를 분석한다. 심지어 내 취향을 분석해 준단다. 내가 좋아할 것만 같은 콘텐츠를 추천해 준다. 참 건방진(!) 일이다. 나를 어떻게 알고 분석해 준다는 말인가? 그런데 신기하게도 기계가 추천해 준 것이 내 취향을 저격한다. 마치 내 마음을 속속들이 들여다 본 듯 말이다.

이제 빅데이터 분석을 통해 대중들이 움직이는 패턴을 알아낼 수 있게 되었다. 그리고 이를 철저히 분석하고 추천하여 대중들의 선택에 대한 고민을 덜어주고 있다. 사례는 멀리서 찾지 않아도 벌써 우리의 일상 가까이 다가왔다.

쇼핑을 하러 사이트에 들어가면 내가 사려고 했던 물건을 추천받는다. 쇼핑 패턴을 분석해 자주 구매한 상품 위주로 유사한 제품까지 한눈에 볼 수 있게 리스트화해서 보여준다. 생활 서비스들은 내가 다시 찾을 것 같은 주기에 자신들의 서비스를 추천한다. 규칙적인 주기로 서비스를 이용했는지 분석해 소비자가 찾을 만한 타이밍이 되면 알아서 서비스를 눈앞에 들이민다. 이렇게 다양한 정보들 속에서 고객이 원하는 콘텐츠를 목적에 따라 분류하고 배포하는 것을 큐레이션이라고 하는데, 큐레이션은 이제 우리 생활에서 빼놓고 생각하기 어려운 트렌드가 되었다.

큐레이션의 시작, 음원 서비스

⋮

스포티파이는 큐레이션 서비스를 바탕으로 해외 음원 서비스 시장의 강자로 떠올랐다. 기본적으로 제공하는 음원의 숫자도 많지만, 이보다 더 주목을 받은 건 높은 수준의 큐레이션 서비스였다. 스포티파이는 인공지능 빅데이터를 이용해 사용자의 소비패턴을 기반으로 자동으로 생성되는 플레이리스트를 제공한다. 여기까지는 사실 그리 특이할 게 없는 일반적 큐레이션이다.

그런데 스포티파이가 남달랐던 이유는 빅데이터 분석에 선곡 전문가들이 힘을 보탰다는 데 있다. 인공지능이 먼저 사용자의 패턴과 취향을 분석해 플레이리스트를 생성한다. 그리고 이걸 받아든 음악 관련 전문가들이 그들의 지식을 총동원해 플레이리스트에 힘을 보탠

큐레이션 음원 서비스의 선두
두자 스포티파이(출처 : 스포티
파이)

다. 이처럼 스포티파이의 큐레이션은 인공지능과 사람의 지식이 함
께 합쳐진 형태로, 좀 더 세밀한 큐레이션을 통해 의미 있는 플레이
리스트를 제공하고 있다. 그래서 유난히 스포티파이의 큐레이션을
통한 추천이 마음에 든다는 평가와 함께 가장 인기 있는 음악 스트리
밍 서비스 중 하나가 되었다. 높은 수준의 큐레이션 서비스를 제공했
기에 가능한 결과였다.

국내 음원 서비스들도 정확도 높은 큐레이션 서비스를 선보이며
끊임없이 성장하고 있다. 특히 네이버의 VIBE, SKT의 FLO가 사용
자 기반으로 각종 플레이리스트를 추천하면서 음원 큐레이션 서비
스를 선도하고 있다. 빅데이터를 기반으로 소비자의 사용이력을 분
석한 큐레이션에 시간·장소·상황을 접목해 정교함을 높이는 방식이
다. 이용자가 자신의 상황이나 기분을 입력하면 취향에 맞는 음악 중
에서 현재의 상태에 좀 더 어울리는 음악을 추천해 준다. 이들은 각
각 '믹스테잎'과 '아티스트 플로'라는 개인별 사용이력 분석시스템으
로 감상 횟수, 패턴, 선호 장르, 감상 스타일까지 세밀하게 분석해 사

용자에게 좀 더 정밀한 큐레이션을 제공하고 있다.

대중들은 대부분 하나의 음원 서비스를 선택해 그곳에서 음악을 즐긴다. 그렇다면 회사가 살아남기 위해서는 대중들이 원하는 서비스를 제공하여 대중들을 감동시키고 사용자 이탈을 줄여야 한다. 큐레이션은 이런 노력에 꼭 필요한 좋은 재료다. 대중들이 편하게 음악을 들을 수 있는 환경을 제공하기 때문이다.

영상 큐레이션 서비스
⋮

유튜브가 최고의 영상 플랫폼으로 각광받을 수 있는 이유 중 하나는 큐레이션에 최적화되어 있기 때문이다. 유튜브의 큐레이션 방식은 '맞춤 동영상'과 'Youtube 믹스'로 대표된다.

맞춤 동영상은 사용자가 시청한 영상을 바탕으로 좋아할 만한 영상을 1개 단위로 추천해 주는 방식이다. 사용자가 시청한 주제, 장르, 키워드 등을 정교하게 분석해 영상을 제시한다. 사용자는 직접 영상을 클릭해 시청이 가능하며, 1개를 시청한 후 자동재생을 설정해 놓으면 다음 추천영상으로 넘어가는 것도 가능하다. 검색과 시청했던 기록들이 추천영상의 분석자료가 된다. 유튜브는 이렇게 다양한 주제를 모두 분석해 정확도 높은 추천영상을 제공하고 있다.

또 다른 큐레이션은 YouTube 믹스다. 이는 사용자에게 맞게 생성된 연속 재생목록이다. 맞춤 동영상이 주제 단위로 1개씩 영상

큐레이션 시대를 선도하는 유튜브(출처 : 유튜브)

을 추천해 주는 거라면, 믹스는 아예 사용자의 패턴을 분석해 음악의 플레이리스트와 같은 형태로 모아서 제공하는 것이다. 사용자는 YouTube 믹스 안에서 새로운 영상을 찾을 필요 없이 무한재생목록에 노출된다. 맞춤 동영상과는 다르게 플레이리스트 형태를 띠기 때문에 주제가 좀 더 명확하다. 사용자는 자신이 봤던 영상을 기반으로 계속해서 다음 동영상을 볼 수 있다. 이것은 마치 보통의 TV 채널 같은 느낌인데, 사용자가 원하는 영상이 나온다는 점에서 새롭다.

넷플릭스의 경우도 마찬가지다. 사용자의 사용 패턴을 분석해 유사 장르의 드라마나 영화를 추천해 줘 별 고민 없이 다음에 볼 콘텐츠를 선택할 수 있다. 이런 편리성 때문에 사용자들의 지지를 받으며 끊임없이 기세를 확장하고 있다.

해외의 성공사례들이 이어지면서 국내에서도 영상 플랫폼으로는 왓챠가 '나에게 딱 맞는 작품'이라는 콘셉트로 큐레이션을 통해 영화와 드라마, 예능을 추천해 주며 인기를 얻고 있는 중이다.

큐레이션이 필요한
세 가지 이유

이처럼 큐레이션은 트렌드의 전면에 등장하며 각종 서비스의 기준이 되고 있다. 사실 큐레이션은 대중들뿐만 아니라 콘텐츠 공급자들에게도 무척 중요한 개념이다. 양쪽 주체 모두에게 큐레이션이 중요한 이유는 크게 세 가지로 분석해 볼 수 있다.

귀차니즘

콘텐츠 공급자들은 숙명적으로 대중들의 선택을 이끌어 내야 하는 위치에 있다. 선택받지 못하는 콘텐츠는 생명력을 잃는다. 기획한 콘텐츠가 의미가 있고, 상업적 수익을 발생시켜야 다음 콘텐츠를 만들어 내는 원동력이 될 수 있다. 따라서 최대한의 노력으로 대중들의 시선 안에 들어가야 한다.

하지만 워낙 콘텐츠가 많다 보니 뭘 듣고 봐야 할지 헷갈리는 게 지금의 시장이다. 강렬한 끌림을 느껴 선택하는 콘텐츠가 과연 몇이나 되겠는가? 정말 좋아하는 주제가 아니라면 쉽지 않은 일이다. 대중들은 그래서 귀차니즘을 느낀다. 쏟아지는 콘텐츠에 지루하고, 빡빡한 일상에 지친다. 따라서 좀 더 쉬운 방법으로 대중들에게 콘텐츠를 들이밀 방법이 필요했고, 이 고민에 큐레이션은 아주 좋은 해답을 제시해 줬다.

주제를 잡아 추천해 주면 대중들은 한 번쯤 눈길을 보낸다. '이 중에서 너가 좋아하는 게 하나쯤은 있겠지?'가 바로 큐레이션의 정신이다. 이렇게 큐레이션은 귀차니즘 없이 콘텐츠를 선택할 수 있는 환경을 만들어 줬다. 자신에게 관심 있는 콘텐츠들이 나열되어 있으면 대중들은 그중에서 제일 마음에 드는 걸 쉽게 선택한다. 선택지를 통해 다양한 콘텐츠를 고를 수 있는 상황이 된 것이다. 대중과 콘텐츠 생산자 모두에게 매력적이다. 애써 마다할 이유가 없는 것이다.

체류시간의 증대
⋮

모든 플랫폼은 사용자가 오래 머물러야 의미를 지닌다. 사용자가 계속 이용을 하고 체류해 있어야 플랫폼의 가치가 올라간다. 그래서 사용자에게 끌리는 상품을 내놓고, 각종 편의를 안겨주기 위해 최선을 다하는 것이다. 이는 광고주를 설득할 때 가장 합리적인 이유 중 하나가 될 수 있다.

제작자에게도 콘텐츠를 계속해서 업로드해야 하는 확실한 이유를 만들어 준다. 사용자는 보고 싶었던 영상을 찾기 위해, 듣고 싶었던 음악을 듣기 위해, 또 사고 싶었던 상품을 사기 위해 플랫폼에 방문한다. 물론 두루뭉술한 목적도 있을 것이다. 단순히 영상을 보기 위해, 음악을 듣기 위해, 상품 목록을 한 번 보기 위해 불분명한 목적을 가지고 '마음 가는 대로' 클릭하기도 한다.

그런데 여기서 분명한 건 어떤 목적으로 방문했더라도 흐름이 끊기면 사용자는 쉽게 피로감을 느낀다는 것이다. 흐름이 이어지지 못하면 스스로 움직여 또 다른 걸 찾아야 하고, 이 과정이 반복되면 쉽게 지친다. 큐레이션은 이런 피로감을 제거하는 역할을 한다. 알아서 다음 음악을 추천해 주고, 비슷한 주제의 영상을 찾아준다. 쇼핑하려던 물건과 비슷한 상품들을 추천해 주며, 다른 사람들의 반응까지 소개해 준다. 끊임없이 제공되는 콘텐츠를 통해 지치지 않고 체류할 수 있는 기회를 제공해 주는 것이다. 이를 통해 사용자는 좀 더 편안한 마음으로 플랫폼에 머무를 수 있고, 추천에 따라 새로운 정보도 접한다. 때로는 마음에 쏙 드는 인연을 발견할 수도 있고, 원래 좋아하던 콘텐츠와 다시 만나는 반가움을 느끼기도 한다.

완벽한 큐레이션 서비스는 사용자의 일탈에 대한 생각들을 차단한다. '구관이 명관'이라는 말처럼, 마음에 든 플랫폼에 계속 있어야겠다는 열망을 느끼게 만든다. 그렇게 체류시간은 계속 늘어난다. 그리고 사용자가 오래 머무는 플랫폼에 광고와 콘텐츠를 올리고 싶은 건 너무나도 당연한 일이다. 플랫폼은 그렇게 힘을 얻게 되고, 큐레이션 서비스는 그 발전을 위한 힘찬 동력이 되는 것이다.

패턴의 분석

⋮

큐레이션은 그야말로 과거와 현재 그리고 미래의 보고다. 큐레이션을 통해 사용자들은 콘텐츠를 소비하고, 플랫폼은 사용자의 흔적을 쫓아 다시 분석한다. 사용자들의 콘텐츠 소비방식은 필연적으로 어떤 패턴을 동반하게 되고, 빅데이터 분석은 이걸 놓치지 않는다. 빅데이터는 사용자들의 취향을 분석해 추천하고, 그걸 소비하는 패턴을 보고 다시 분석한다. 이런 분석을 통해 향후 소비자들이 어떤 콘텐츠를 좋아할지 예측하고 미래의 서비스에 반영한다. 콘텐츠 생산자 역시 이 정보를 기획에 반영하여 소비자에게 선택받을 확률을 높인다.

소비자들의 이용 패턴과 성향은 갈수록 다변화되고 있다. 이제는 세대별로도 변화 조짐을 보이고 있고, 각자의 취향도 점점 확고해지고 있다. 전문가보다 더 전문가 같은 소비자도 많다. 각자의 명확한 기준으로 콘텐츠를 판단할 수 있는 눈을 가진 소비자도 지속적으로 늘어나고 있는 추세다. 그리고 소비자들은 자기가 만족한 정보들을 SNS와 각종 미디어를 통해 서로 공유하며 각자의 선택을 돕고 있다.

상황이 이렇다 보니 플랫폼과 콘텐츠 생산자는 소비자들의 행동을 분석하는 일이 더 중요해졌다. 이때 큐레이션은 패턴화된 소비자들의 선택을 데이터화하는 데 큰 도움을 주고 있다. 완벽한 예측은 어렵지만, 최소한의 미래를 내다보는 혜안을 갖추는데 큐레이션은 큰 조력자 역할을 하고 있는 것이다.

큐레이션이
콘텐츠가 된다

큐레이션의 미래

$\vdots$

큐레이션 서비스는 앞으로도 더 많이 발전할 것이다. 생활 전반의 서비스에 적용되기 때문에 더 많은 종류의 큐레이션들이 우리의 선택 장애를 조금은 더 편하게 만들어 줄 것이다.

사실 큐레이션이 어느 날 갑자기 툭하고 튀어나온 개념은 아니다. 과거에도 큐레이션은 있었다. 영화 소개 프로그램에서는 주제에 따라 영화들을 엄선해 대중들에게 전달했다. 음악 역시 '추억의 팝송' 등 주제별로 많은 플레이리스트를 만들어 공유했고, 실제로 대중들은 이 음악을 들으며 시간을 보냈다. 라디오도 마찬가지다. DJ가 신청곡을 포함해 자신의 콘셉트에 따라 음악을 정하고, 이걸 방송을 통해 내보내며 청자들과 소통했다.

하지만 현재의 큐레이션과는 분명 차이가 있다. 과거의 큐레이션은 '주제'별로 나눠진 경우가 많았지만 지금은 각자의 기호에 맞게 개인의 '취향'을 기준으로 큐레이션이 이뤄진다. 이런 변화는 빅데이터와 사용자들의 이용 패턴을 분석한 자료가 있기에 가능하다.

큐레이션의 미래는 좀 더 개별화된 취향을 목표로 삼아 언제 어디서나 적용되는 서비스를 제공할 수 있어야 한다. 이런 목표를 위해 대중들의 서비스 사용 패턴 혹은 구매 경향을 좀 더 면밀히 분석해야 한다. 특히 콘텐츠를 즐기는 중심이 개인으로 옮겨가고 있다 보니 대중들은 본인이 만족할 수 있는 콘텐츠가 아니면 흥미를 보이지 않는다. 각자 원하는 스타일의 콘텐츠를 찾아 끊임없이 헤매는 콘텐츠 유목민들도 늘어나고 있다. 이러한 유목민들이 뿌리를 내리게 만드는 게 바로 개별화된 큐레이션의 목표다. 개인의 기호를 정확하게 분석해 큐레이션한 콘텐츠는 큰 만족감을 선사하고, 이는 곧 서비스를 이용하기 위해 기꺼이 지갑을 여는 대중들의 모습을 발견하게 만들 것이다.

콘텐츠의 최종 목적은 수익을 내는 것이다. 큐레이션 서비스의 최종 목적 역시 마찬가지다. 정교한 큐레이션은 대중들의 구매욕구를 자극하는 가장 큰 무기가 될 것이라는 사실은 의심의 여지가 없다.

큐레이션 자체가 콘텐츠다
⋮
큐레이션 자체가 콘텐츠가 되는 시대도 대비해야 한다. 현재까지의 큐레이션은 콘텐츠를 소개하는 수단에 그치고 있다. 존재하는 콘텐츠들을 가지고 취향을 분석해 각자의 스타일에 맞게 추천해 주는 방식이었다. 하지만 앞으로 큐레이션은 그 자체가 콘텐츠 역할을 할 것이다. 기획 단계부터 큐레이션을 염두에 두고 콘텐츠를 만들어야 한다는 뜻이다.

지금도 그렇지만 미래의 음악계에서는 앨범이라는 큰 단위 하나가 의미를 가지는 일이 줄어들 것이다. 대신 앨범에 실린 각각의 곡이 큐레이션 서비스를 통해 개별적 의미를 가지게 될 것으로 예상한다. 앨범 단위로 음반을 만들고 타이틀곡이 가장 큰 의미를 가지는 방식은 이제 과거형이 될 것이다. 수록곡 각각에 의미를 부여하여 듣게 만드는 방식이 새로운 기준으로 등장할 것이다. 대중들의 취향은 모두 다르고, 앨범에 실린 많은 곡들 중 무엇을 좋아할지는 개인의 몫이다. 따라서 타이틀곡을 제외한 다른 곡들도 의미를 가질 수 있게 개별화되어 큐레이션 콘텐츠의 일부분이 되어야 한다.

영화나 드라마도 각각의 장면을 큐레이션을 통해 재해석하고 새로운 의미를 부여하는 일들이 벌어질 것이다. 영상 콘텐츠도 개별적 의미를 가지는 시대가 열린다는 뜻이다. 세상은 더 빨라지고, 관심사는 더 많아진다. 전체에 대한 관심만큼이나 부분에 대한 관심도 높아질 것이다. 이런 상황이 열리게 되면 사람들은 러닝타임 전체로 영상 콘텐츠를 소비하는 게 아니라 자신이 좋아하는 장면 또는 자신이 좋아하는 대사를 큐레이션으로 엮어 소비하는 일에 익숙해질 것이다. 그렇게 조각조각 모인 장면과 대사들은 큐레이션 안에서 새로운 의미를 가지게 되고, 이는 큐레이션의 콘텐츠화에 가속도를 붙일 것이다.

산업계 전반도 마찬가지다. 상품의 강점을 전반적으로 전달하는 것도 중요하지만, 앞으로는 상품이 가진 여러 이미지들을 잘게 쪼개서 큐레이션해 대중들에게 소개하는 것에 익숙해져야 한다. 광고 한 편으로 제품의 강점을 보여줘야겠지만 앞으로는 전하고 싶은 메시지들을 나눠 각각 어떻게 표현될 수 있을지를 고민해야 한다. 각각의 표현에 관심 가질 만한 소비자들을 대상으로 큐레이션할 수 있는 환경을 조성해야 하는 것이다.

미래의 상품 소개는 '소개서' 한 장으로 끝나지 않을 것이다. 소비자의 주된 관심사가 무엇인지 파악해 소개할 만한 강점이 뭐가 있는지 고민하는 게 '소개의 시작'이 된다. 그리고 이를 세부적으로 나눠 대중들에게 들려줄 준비를 하는 게 '소개의 과정'이 될 것이다.

하나의 상황을 가정해 보자. 멋진 호텔이 하나 있다고 치자. 온갖 부대시설과 안락한 환경을 지닌 호텔이다. 과거에는 멋진 외관과 객실 사진, 부대시설 사진을 총망라해 사람들에게 '우리 호텔이 이렇게 멋지다'를 알려주는 방식을 택했다. 실제로 과거의 소개서들은 대부분의 장점들을 모두 반영해 최대한 자신의 상품이 돋보이게 만들었다.

하지만 미래에는 다르다. 여기에서도 큐레이션이 필요하다. 최근의 추세부터 보자. 호텔에서 바캉스를 즐긴다는 일명 '호캉스'가 대세다. 나만의 휴식을 즐기려는 1인 투숙객들이 증가하고 있다. 그렇다면 호텔 소개에는 호캉스에 적절한 요소가 뭐가 있는지를 찾아 큐레이션해 소비자들에게 제공되어야 한다. 또 나만의 휴식을 즐기려는 1인 투숙객을 위한 강점이 뭐가 있는지 큐레이션해 알릴 수 있어

홈 뷰티 디바이스 브랜드 '엘리닉'이 호텔현대 바이 라한 울산과 함께 선보인 '로맨틱 스위트 패키지'(출처 : 엘리닉)

야 한다.

큐레이션 자체가 홍보와 광고가 되는 시점에서 대중들을 돌아보는 것이 첫 걸음이다. 그리고 대중이 원하는 걸 지속적으로 고민하며 시대의 흐름과 변화에 따라 색다른 큐레이션들을 계속해서 내놓을 수 있어야 한다.

큐레이션을 돋보이게 하는
콜라보레이션

큐레이션도 반복되면 진부함을 피할 수 없다. 끊임없이 새로운 에너지를 만들고, 대중들에게 신선함을 선사할 수 있는 방법을 찾아야 한다. 여기에 적합한 해답이 바로 콜라보레이션이다. 콜라보레이션은 지금의 산업계에서 가장 핫한 키워드다. 랩퍼와 보컬의 만남으로 음악에서 시작된 콜라보레이션은 문화계 전반을 넘어 이제 산업 전반으로 뻗어 나가고 있다.

새로운 동력과 콘텐츠를 제공하는 큐레이션

브랜드들끼리의 콜라보레이션으로 특별한 느낌을 담아낸 상품들이 출시되고 있다. 콜라보레이션은 뻔함을 넘어설 수 있는 최고의 아이디어 수단 중 하나다. 식품업계에서는 죠리퐁 아이스크림, 불닭피자

다변화되고 있는 콜라보레이션(출처 : 페이스샵, 쉐이크쉑)

등 다양한 콜라보레이션을 통해 전에 본 적이 없는 제품들을 출시하며 소비자들의 눈길을 끌었다. 화장품 브랜드와 음료업계의 콜라보 사례, 의류업계와 식품업계의 콜라보 사례 등 신선하게 다가오는 상품들을 통해 대중들에게 꾸준하게 어필하고 있다.

지금도 어떤 콜라보레이션을 펼칠지 고민하는 기업들이 많을 것이다. 이런 콜라보레이션의 개념을 큐레이션에도 적용시켜 보자. 푸짐한 한상 차림을 소비자에게 안겨주는 것이다. 한 가지 주제에만 얽매이지 말고 다양한 취향과 주제에 따라 인기 있는 소재들을 기반으로 세트 개념의 큐레이션을 해야 한다는 뜻이다.

1인 가구를 보자. 1인 가구가 늘어나며 '혼족'들을 대상으로 하는 마케팅과 상품은 해가 갈수록 다양해지고 있다. 그러다 보니 개인의 성향을 분석해 색다른 큐레이션을 제공해야 할 필요가 생겨났다. 어떤 사람은 술을 마시고, 어떤 사람은 영화를 보며, 또 어떤 사람은 게임을 즐긴다. 이렇게 다양한 취향에 따라 술을 즐기는 사람에게는 요리도구를 포함해 술에 어울리는 음식과 안주 등의 큐레이션을 제공해야 할 것이다. 영화를 보는 사람에게는 가벼운 술과 안주 등 영화

관람에 필요한 것들을 큐레이션해 보여주면 좋다. 게임을 즐기는 사람에게는 게임기와 가전제품 그리고 간편식품들을 큐레이션해 추천해 줘야 할 것이다.

큐레이션의 완성은 콜라보레이션

⋮

미래의 큐레이션은 다양한 업종의 콜라보레이션이 이뤄져야 한다. 단순히 한 가지만 추천해 주는 게 아니라, 라이프 스타일에 맞게 다양한 상품을 한꺼번에 모아 보여줘야 한다. 필자는 이를 큐레이션의 완성이라고 표현한다.

산업 주체들은 단순히 서로 경쟁을 펼치는 사람들이 아니다. 각자 장점을 모으면 새로운 마케팅 방법이 생기고, 새로운 수익을 창출할 수 있는 길을 여는 데 큰 도움이 될 수 있다. 소비자 입장에서는 상황에 맞는 상품을 추천받으면서 구매욕이 증가할 것이다. 본인이 정말 좋아하는 서비스라면 더 재미있게 즐기기 위해 기꺼이 지갑을 연다.

대중들은 끊임없이 자신의 관심사에 맞는 것들이 눈앞에 펼쳐지길 바란다. 결국 취향과 스타일을 저격하는 큐레이션이 필요하다고 볼 수 있는데, 이런 큐레이션은 콜라보레이션을 통해 완성될 것이다. 따라서 패키지형 큐레이션은 산업계 전반에서 반드시 주목해야 한다.

상품도 마찬가지다. 관심 없는 상품보다는 관심 있는 상품이 눈에 들어올 때 한 번이라도 더 구매욕을 느낀다. 구매욕을 자극할 수 있는 가장 좋은 방법이 바로 적절하고 정확도 높은 큐레이션이라는 점을 반드시 염두에 두어야 한다.

큐레이션은 앞으로 서비스의 기준이 될 것이다. 따라서 사용자들의 취향을 분석하는 작업은 더욱 정교해져야 한다. 특히 똑같은 큐레이션의 문제를 피하기 위해서는 콜라보레이션 등을 통해 새로운 방식을 모색해야 한다. 또한 다양한 전문가들의 참여로 큐레이션의 정확도를 높이는 방법도 지속적으로 고려해야 한다.

이제 큐레이션은 하나의 콘텐츠가 되어 우리 생활 모든 분야에 영향력을 행사할 것으로 예상한다. 색다른 큐레이션, 그리고 사람들을 감동시킬 수 있는 정확한 큐레이션을 위해 앞으로 모든 경제 주체들이 더 많은 노력을 기울여야 할 것이다.

•

5장

1인칭 중심사회,

'나'의 발견

'내'가 중심이 되는 사회, 1인칭 시대의 개막

세상의 중심은 '나'

⋮

필자의 어렸을 적 꿈은 랩퍼였다. '랩'을 하는 사람들이 너무 멋있어 보였다. 구립 청소년수련관에 찾아가 랩 동아리를 만들 수 있냐고 물었다. 직원 분은 친절하게 절차를 설명해 주었다. 당시 친했던 친구 3명과 랩 동아리를 만들어 무더운 여름날 에어컨 바람 앞에서 열심히 연습을 했다. 그러다 우리는 굉장히 필연적인 문제에 다다랐다.

"연습은 잘하고 있지만, 그래서 우리 랩을 어떻게 들려줄 건데?"

그 당시는 우리 같은 햇병아리 랩퍼들의 랩을 들려줄 수 있는 미디어 채널이 없었다. 기껏해야 PC통신 커뮤니티가 전부였다. 아마추어들은 자신들의 실력을 한 번이라도 드러내 볼만한 곳이 전무했다. 우리는 몇몇 기획사와 음반 제작사에 전화를 걸어 오디션을 볼 수 있는지 물었다. 하지만 당시에 들은 대답은 너무 복잡했다. 계약, 유통,

공급 등 뜻은 알겠지만 음악에서는 생소한 용어들이 즐비했다. 복잡한 과정을 거쳐야 한다는 사실이 머릿속에 들어오면서 우리는 좌절 아닌 좌절을 했다. 그렇게 연습만 열심히 하던 우리의 꿈은 대학교에 진학하며 스르륵 사라져 버렸다.

아마 필자가 조금 늦게 태어나 지금 랩을 하겠다며 설치고(?) 있다면, 고민은 많이 줄었을 것이다. 지금은 누구나 자신의 실력을 보여줄 수 있는 채널들이 다양하게 존재하고, 심지어 그런 실력을 담아낼 영상이나 녹음본도 제작하기가 쉬워졌다.

오디션 문턱을 두드리는 것도 과거보다 채널이 많아졌고, 설사 오디션에 탈락하더라도 스스로 음원을 발매할 수 있는 길도 열려 있다. 그 이후의 선택은 본인들의 몫이겠지만, 적어도 꿈을 펼칠 수 있는 방법은 과거보다 다양한 선택지로 존재한다.

이제는 '내'가 중심이 되는 세상이다. 내가 하고 싶은 대로 할 수 있고, 내가 고르고 싶은 대로 고를 수 있다. 재료를 마음대로 선택할 수 있는 마라탕의 오묘한 매력처럼, 지금의 트렌드는 나의 생각이 중심이 된다. 나의 생각이 기준이니 뒤따르는 행동도 내가 중심이 되어 벌어진다. 필자는 이를 '1인칭 중심사회'라고 표현하고 싶다.

'1인칭'이라는 말은 참 묘한 단어다. 학교 영어시간에 가장 많이 들은 말이다. 1인칭, 2인칭, 3인칭이 있다고…. 하지만 1인칭 자체를 중심으로 쓰진 않았다. 의견을 표현할 때 '나는' '내가'를 많이 써야 했지만, 정작 선생님은 늘 3인칭인 '우리'를 강조했다. 집에서도 마찬가지였다. 부모님은 늘 '우리'를 말씀하셨다. 똘똘 뭉쳐야 목표를 이룰 수 있다고 말이다.

이처럼 사회적인 가치와 분위기 때문에 많은 대중들은 1인칭보다 3인칭에 더 익숙한 환경에서 성장했다. 그래서 1인칭의 시대가 낯설고 어색할 수도 있다. 하지만 생소함을 넘어 이제 1인칭 시대는 확고한 트렌드가 되었고, 다양한 업계에서 그 대세를 드러내고 있다.

패키지 여행도 좋지만, 자유여행도 그만큼 많은 시대다. 직접 정보를 모으며 갈 곳을 정하고 동선을 짜면서 '구성'의 즐거움을 느낀다. 물론 패키지보다 불편한 점도 많고 돌발상황에 대처하기 어렵다는 단점도 있지만 자유여행 자체를 큰 성취감으로 느끼는 경우가 많아졌다. 또한 자유여행을 그야말로 큰 자유와 해방으로 인식하는 사람들도 계속 늘고 있는 추세다.

나 스스로 스타가 되는 세상

스타의 탄생과정은 또 어떤가? 이제 스스로 스타가 되는 시대다. 화제의 유튜버 제이플라를 비롯해 1인 미디어 시대를 선도하는 크리에이터들을 보면 알 수 있다. 제이플라는 커버곡만으로 해외에서까지 주목받는 크리에이터로 성장했다. 누군가가 그녀를 스타로 만들어준 게 아니다. 꾸준히 자신의 노래로 소통하며 여기에 공감하는 대중들을 바탕으로 스스로 스타가 되었다.

크리에이터들도 마찬가지다. 꾸준히 자신만의 영상으로 대중들에게 손을 건넸고, 대중들은 창의력 넘치는 크리에이터들의 콘텐츠에 매료되었다. 그리고 이런 대중들의 지지를 바탕으로 스타 반열에 올

자신만의 소통구조로 스타덤에 오른 유튜버 제이플라(출처 : 유튜브 제이플라)

랐다.

과거와는 크게 다른 양상이다. 과거의 스타는 매스미디어를 통해 탄생했다. 이때 철저히 기획의 과정이 따른다. 연기나 노래 등 예비 스타의 재능과 스타일에 맞는 콘텐츠가 주어진다. 이후 매스미디어에 자주 얼굴을 비추며 소위 말하는 대세가 되면 대중들을 더 자주 만나게 된다. 대중들이 찾는 횟수가 늘어나면 방송가를 장악하며 전국구 스타로 성장한다. 스타는 이렇게 만들어졌고, 당연히 이렇게 스타를 배출하는 매스미디어는 막강한 힘을 지니고 있었다.

하지만 지금은 다르다. 매스미디어가 아예 힘을 잃은 건 아니지만, 이제는 각각의 개인이 자신의 재능을 바탕으로 콘텐츠를 기획해 소통에 나선다. 매스미디어의 힘을 빌리지 않아도 새로운 형식의 플랫폼을 통해 나만의 채널, 나만의 스타일로 소통을 이어가며 스타가 된다. 스타도 1인칭 시대의 방식을 따르고 있는 것이다.

음악과 드라마를 비롯한 각종 문화 콘텐츠들도 마찬가지다. 이제는 혼자서 작사, 작곡 및 음원 유통까지 모두 가능해진 시대다. 드라마도 웹드라마의 형식을 빌어 가볍게 대중들에게 다가갈 수 있다. 어디 이뿐이랴. 과거 매스미디어에서 주로 만났던 화보나 음악 관련 영상, 그리고 짧은 예능형 콘텐츠들도 이제는 스스로 제작하고 배포한다. 마음만 먹으면 모든 걸 혼자서 처리할 수 있는 시대가 열리며, 트렌드는 철저히 1인칭 시대를 따라가고 있다. 나의 머릿속에 있는 이야기들을 손쉽게 펼쳐낼 수 있는 환경이 마련된 것이다.

각자의 이야기에
주목하라

진입장벽이 사라진 시대
⋮

이런 1인칭 시대는 전반적인 산업의 흐름에 변화를 가져왔다. 일단 '진입장벽'이 사라졌다. 콘텐츠를 만들어 내고, 대중들에게 선보이는 작업 자체가 굉장한 특권처럼 느껴지던 때가 있었다. 콘텐츠를 만들고 유통하는 건 무척이나 복잡하면서도 돈이 많이 들어가는 일이었다. 그래서 거대 자본을 가지고 있는 사람 혹은 투자를 유도할 수 있는 사람들이 콘텐츠 시장을 주무르고 있었다. 그러다 보니 다양성이 부족하고, 자본흐름에 따라 콘텐츠가 움직이는 경우가 많았다.

지속적으로 제기되었던 대중문화의 '획일화' 현상은 자본의 논리 때문에 잘 통하는 주제만 다룬다는 사실에서 기인한다. 새로운 아이디어가 나오기 어려운 구조다. 이런 현상은 대중문화를 '소비에만 치중하는 문화'로 인식시키는 계기가 되었고, 대중문화의 가치를 떨어뜨리는 문제로 인식되며 모두의 걱정을 불러일으켰다.

하지만 지금은 환경이 다르다. 다양한 플랫폼을 통해 콘텐츠 시장에 진입할 수 있는 장벽이 많이 낮아졌다. 많은 자본 없이도 콘텐츠를 기획할 수 있는 상황이 만들어졌고, 아이디어가 있는 사람이라면 누구나 콘텐츠 시장의 세계로 진입할 수 있다.

진입장벽이 낮아지면서 콘텐츠 시장이 다변화되고 있다는 사실은 주목할 만하다. 다변화는 곧 아이디어의 경쟁을 뜻한다. 튀지 않으면 살아남는 게 어려워지기 때문이다. 실제로 많은 유튜브 크리에이터들은 자신만의 색깔로 방송을 선보이고 있다. 또 유튜브에 뛰어들고 있는 연예인들도 무대나 브라운관, 스크린에서의 모습이 아닌 자신만의 특화된 방송으로 대중들을 만나고 있다.

소비자의 관심사에 집중하라

⋮

콘텐츠 시장은 더욱 소비자의 취향을 따라가고 있다. 콘텐츠는 소비자의 눈높이를 맞추지 못하면 살아남기 힘들다. 과거의 콘텐츠는 소비자의 관심사를 반영하는 경우가 드물었다. 기획자의 의도대로 전개되며 지지를 받으면 오랫동안 대중들을 만나고, 지지를 받지 못하면 사라지고 다음 대안이 대중들을 찾아가는 게 일반적인 구조였다. 하지만 지금은 소재에서부터 소비자의 생활과 관심사를 적극 반영하고 있다.

〈구해줘! 홈즈〉와 〈나 혼자 산다〉의 성공사례를 보자. 과거의 예능

주제가 다변화되고 있는 예능 프로그램(출처 : MBC)

은 '웃음'에 초점이 맞춰져 있었다. 연예인들이 나와 자신들의 장기를 과시하며 그 상황 속에서 웃음을 만들어 냈다. 소비자들의 기호를 반영하기보다는 연예인과 방송사의 관심을 반영했다고 볼 수 있다. 소위 '대세'라는 연예인들은 거의 대부분 예능에 출연했으니 말이다.

하지만 지금의 예능 콘텐츠 시장은 과거와 많이 다르다. 〈구해줘! 홈즈〉는 방과 집을 찾는 예능이다. 살 곳을 구하는 예능이라니, 과거에는 상상하기 어려운 소재다. 하지만 1인 가구가 늘어나는 추세이고, 또한 부동산 상황에 따라 이사를 자주 다녀야 하는 인구 역시 늘어나고 있는 게 현실이다. 세대를 가리지 않고 집은 큰 관심사가 되었고, 예능은 이를 놓치지 않고 반영해 집을 구하는 과정들을 담아냈다. 예능이기 때문에 출연자들의 이야기와 행동 사이에서 웃음을 유발한다. 하지만 그들은 모든 상황의 중심이 아니다. 이 예능의 포인트는 집이기 때문이다.

연예인 1인 가구의 삶을 담아내는 〈나 혼자 산다〉의 성공도 소비자 성향에 집중한 결과다. 출연진들의 끈끈한 조화 속에서 늘어가는 1인 가구의 모습을 다양하게 담아낸다. 출연진들의 삶은 화려하지만, 때로는 짠내 나는 1인 가구의 모습 그대로다. 지속적인 게스트들의 출연으로 현실감 넘치는 1인 가구의 생활을 담아낸다.

혼자 사는 삶의 키워드를 바탕으로 먹방, 쿡방 등을 연출하며 동시대를 살아가는 사람들의 관심사를 성실히 반영한다. 수많은 1인 가구들이 혼자 살아가고 있다는 공통점 속에서 친근감과 함께 동질감을 느끼게 된다. 소비자의 성향을 적극적으로 반영한 시도가 맞아떨어진 사례라고 볼 수 있다.

1인칭 시대의 중심은 공감이다. 우리와 너무 동떨어져 있는 사람들이나 관심사를 벗어나면 공감대를 형성하기 어렵다. 반면 우리의 일상과 비슷한 모습을 담아내거나 관심사를 반영하면 손뼉 치며 공감하는 상황들이 생겨난다. 콘텐츠 시장이 소비자의 관심을 끊임없이 반영하고 고민해야 하는 이유가 바로 여기에 있다. 소비자의 관심에 집중하면서 콘텐츠의 주제는 갈수록 세분화되고 있다. 과거에는 만나기 어려웠던 주제의 콘텐츠들이 대중들을 만나고 인기를 얻으며 1인칭 시대가 이끄는 다양성 사회를 반영하고 있다.

다변화와 세분화에 집중하라
⋮

농사 노하우와 각종 가축·곤충을 주로 올리는 유튜버가 있다. 유튜버 '성호육묘장'은 화려한 편집기술과 소위 말하는 말빨로 승부하지 않는다. 하지만 두더지 관련 영상 하나로 480만 회가 넘는 조회수를 기록했고, 10만 구독자 이상의 유튜버에게 주어지는 '실버버튼'을 획득하며 일약 유튜브 스타로 떠올랐다.

여기서 주목할 점은 주제의 다변화다. 매스미디어에서 잘 다루지 않는 주제를 바탕으로 소통에 나서고, 이런 움직임이 콘텐츠의 세분화를 이끌고 있다. 유튜브만 뒤져봐도 이런 경향을 쉽게 읽을 수 있다. 집에서도 모든 취미활동이 가능하다는 말이 나올 정도로 각종 생활에 필요한 다양한 주제의 콘텐츠들이 넘쳐난다. 한 가지 주제로 검색해도 수많은 다른 스타일의 영상이 검색될 정도로 다양한 내용들이 콘텐츠 소비자들을 찾아간다.

이런 세분화 현상은 각자 관심 있는 영상을 찾아볼 수 있는 환경을 제공하고, 1인칭 시대의 확산에 큰 역할을 하고 있다. 주제가 세분화되지 않는 세상의 콘텐츠는 단조롭다. 콘텐츠 생산자의 입맛에만 맞추다 보면 소비자들은 수동적인 단순 소비의 형태로 콘텐츠를 즐길 수밖에 없다. 하지만 1인칭 시대에서는 다르다. 다양한 사람들이 다양한 콘텐츠를 만든다. 그들은 자신이 가장 잘할 수 있는 걸 찾아 승부하며, 소비자들의 반응을 보고 즉각 반영하여 소통구조를 만들어 간다.

일방적 공급보다는 당연히 쌍방향 소통이 각광받는 시대다. 1인칭 시대의 주인공들은 자신들의 요청과 요구가 더 존중받길 원하고, 또 반영되길 바란다. 이런 참여 욕구를 충족시키는 1인칭 시대의 콘텐츠는 지속적으로 세분화의 길을 걸을 것이다. 다양성이 존중받는 시대에서 콘텐츠의 목표는 앞으로도 더 많은 갈래를 만들어 내는 방향으로 나아갈 것이다.

1인칭의 시대,
'경험'에 주목하라

1인칭 시대, 과정을 경험하고 싶은 대중들

⋮

매슬로는 1943년 발표한 논문 〈인간 동기의 이론〉에서 '욕구단계이론'을 주장했다. 매슬로는 인간의 욕구를 피라미드화해서 제시했는데, 그중 가장 상위에 존재하는 욕구로 '자아실현의 욕구'를 꼽았다. 자아실현 욕구는 자신의 역량이 최고로 발휘되기를 바라며 창조적인 경지까지 자신을 성장시켜 완성함으로써 잠재력의 전부를 실현하려는 욕구*이다.

필자 역시 지금의 대중들이 소비를 통해 추구하는 욕구는 자아실현의 욕구라고 본다. 물론 자아실현은 사람마다 다르게 나타나기 때문에 이를 한 가지로 정의하긴 어렵다. 또한 꿈과 목표라는 개념만으

---

* 심리학용어사전, 한국심리학회, 2014. 4.

로 거창하게 설명할 필요도 없다. 하고 싶은 일을 하고, 일상에서 즐기고 싶은 것들을 찾아 행하는 것도 모두 각자의 자아에 맞는 실현 과정이라고 보아야 할 것이다. 그것 또한 뭔가를 하고 싶다는 자아의 욕구에서 나오는 행동이니 말이다.

여기서 우리가 주목해야 할 건 '경험'이라는 개념이다. 경험은 지금 소비트렌드 전반에 걸쳐 나타나고 있다. 콘텐츠 제작자들은 각자의 목표에 따라 콘텐츠를 만들어 내며 과정을 경험하고 있고, 소비자들은 자신의 기호에 맞는 콘텐츠를 소비하며 각자의 자아에 맞는 소비를 경험하고 있다. 그래서 우리는 이 경험이라는 개념을 바탕으로 1인칭 시대의 미래에 대해 생각해 볼 필요가 있다.

우선 트렌드의 관점에서 경험이라는 단어를 명확히 정의해 보자. 트렌드에서의 경험은 '의미 있는 사용'으로 정의하는 게 맞다. 각종 SNS 플랫폼들은 사용자 경험을 바탕으로 오류를 수정하며, 사용자들의 의견을 모은다. 여기서 사용자 경험이란 해당 SNS를 의미 있게 사용하며 소비하는 시간을 뜻한다.

다른 콘텐츠들도 마찬가지다. 음악이나 영화를 경험하는 건 의미 있게 감상하는 것이다. 서비스를 경험하는 것 역시 해당 서비스를 의미 있게 사용하며 시간을 보내고 편익을 얻는 것을 말한다. 이렇게 경험을 정의한 후 1인칭 시대를 바라보면 상당히 의미 있는 이야기들을 꺼낼 수 있다.

먼저 1인칭 시대의 플랫폼 서비스는 각자의 경험을 의미 있게 만드는 형태로 나아가야 한다. 사람들은 각자 원하는 경험이 있다. 그 경험을 추구하며 즐거움을 얻고, 플랫폼과 서비스에 신뢰를 보낸다.

따라서 각자의 경험을 의미 있게 만들 수 있는 서비스들이 끊임없이 제공되어야 한다. 또 이런 경험을 좀 더 다양하게 만들기 위해 서비스의 범위 역시 지속적으로 넓혀야 한다.

'과정'을 경험하게 하라

⋮

트렌드를 살펴보며 가장 쉽게 꺼낼 수 있는 이야기는 '과정의 경험'이다. 과거 대중들은 어떤 상품이나 콘텐츠를 받아들일 때 결과물만을 접하곤 했다. 자신의 손에 들어오기까지 어떤 과정을 거쳤는지에 대해 호기심이 있었지만, 그 과정을 알 수 있는 방법은 그리 많지 않았다. 좋아하는 음악과 드라마가 어떻게 만들어졌는지, 감동받은 영화가 어떤 과정을 거쳐 나오게 되었는지 궁금했지만 정보를 얻을 곳이 부족했다. 대중들에게 있어서 과정이란 머릿속에 어렴풋이 그릴 수 있는 게 전부였다.

하지만 지금은 다르다. 음악을 만드는 가수들은 SNS나 유튜브를 통해 음악 작업기를 공개한다. 드라마나 영화는 촬영 현장 비하인드를 통해 제작과정을 생생하게 전달한다. 각종 제품들은 나오기까지 거치는 과정들을 회사 채널을 통해 대중들에게 공유하며 호기심을 충족시킨다. 과정 자체를 경험하게 하면서 좀 더 친숙하게 콘텐츠와 상품의 이미지를 전달하고 있는 것이다.

궁금했지만 어디에 물어볼 곳이 없었던 이야기들은 이제 대중들의 입에서 입으로 전달된다. 또 각종 미디어에서는 호기심을 자극하며

드라마 〈호텔 델루나〉의 메이킹 영상(출처 : tvN)

자연스러운 홍보 수단으로 자리잡았다. 그래서 요즘은 본 콘텐츠보다 더 재미있는 게 '메이킹'이라는 말도 나온다. 메이킹이란 어떤 콘텐츠가 존재할 때, 그 콘텐츠를 만들거나 촬영할 때 나온 부가콘텐츠를 말한다. 드라마나 영화의 경우 배우들이 현장에서 연기하다가 나오는 NG 장면이나 쉬는 시간의 모습을 담는다. 여기에 연기의 합을 맞춰 보면서 나오는 각종 상황들을 더해 대중들에게 전달한다.

메이킹 영상을 통해 대중들은 궁금했던 현장 상황들을 보게 되고, 현장에서의 케미를 확인하며, 본 콘텐츠와는 또 다른 재미를 발견하고 열광한다. 심지어 각종 플랫폼에 올라오는 본편의 영상보다 메이킹이 더 많은 조회수를 기록하며 홍보효과를 톡톡히 거두는 사례도 많아지고 있다. 이제 과정의 경험을 주제로 하는 콘텐츠와 마케팅이 탄탄하게 자리를 잡는 모양새다.

소통의 경험,
소비의 흐름을 공략하다

'소통'의 경험으로 신뢰의 이미지를 만들어라

'소통의 경험'도 중요해졌다. 과거 연예인들이나 각종 미디어 서비스들은 모두 대중에게서 멀리 존재했다. 스타는 말 그대로 스타였다. 콘서트와 공개방송에서나 볼 수 있었고, 직접적인 소통을 주고받기는 어려웠다. 미디어 서비스 또한 공식적으로 열려 있는 소통 창구가 아니면 의견을 전달하기 어려웠다. 그러다 보니 의견 표출 자체를 애초에 포기하는 경우가 많았다.

하지만 최근 트렌드는 다르다. 소통도 하나의 경험으로 인정받아 다양한 방법으로 이뤄지고 있다. 이제 스타들의 팬 서비스는 대중들 사이에서 언급되고 기사화될 정도로 소통의 기준으로 떠오르고 있다. 자신들을 응원하기 위해 오래 기다려준 팬들을 위해 간식차를 선물하고, 자신이 등장한 지하철 광고판 앞에서 인증샷을 남긴다. SNS

등 각종 채널을 통해 팬들이 보낸 선물들을 직접 찍어 올리며 팬심을 자극한다.

영화나 드라마 또한 소통에 열을 올리고 있다. 영화가 개봉하면 일정 기간 영화관을 도는 무대 인사는 이제 기본이 되었다. 관객 수에 따라 각종 공약을 걸어 기대감을 올리는 한편, 대중들과 소통하는 자리를 마련한다. 드라마도 대중들의 반응을 직접 반영하거나 피드백을 남길 수 있는 공간을 통해 의견을 듣고 싶다는 의사를 피력하고 있다. 제품들도 마찬가지다. 출시 요청이 이어지면 여기에 응답한다.

닭껍질 튀김이 소통의 경험을 상징하는 키워드가 될지 누가 알았겠냐마는, 스토리는 대략 이러하다. KFC가 인도네시아 자카르타 일부 지점에서만 닭껍질 튀김을 판다는 사실을 알게 된 한 누리꾼이

소통의 경험을 상징하는 키워드가 된 닭껍질 튀김(출처 : KFC)

이걸 먹기 위해 현지 여행을 가려고 계획을 했다. 하지만 당시 현지의 정세 불안으로 가지 못하게 되자 누리꾼은 온라인 커뮤니티에 한국에서도 닭껍질 튀김이 판매되었으면 좋겠다고 호소했다. 이게 이미지와 함께 퍼져나가며 사람들의 지지를 받게 되었고, 커뮤니티와 SNS를 중심으로 언급량이 지속적으로 늘어났다. 그러자 KFC는 이에 응답해 닭껍질 튀김을 출시했고, 대중들은 소통의 경험을 제대로 만끽했다.

이처럼 대중들이 트렌드의 주도권을 잡은 지금의 상황에서 소통의 경험은 매우 중요한 요소가 되었다. 이 경험이 브랜드와 콘텐츠를 인지하는 데 있어서 큰 역할을 하게 되었기 때문이다. 물론 모두의 의견을 반영하기는 쉽지 않지만 적어도 많은 사람들과 소통을 하려는 노력은 지금의 트렌드에서 필수적이다.

'경험'의 경험으로 지갑을 열어라
⋮

'경험의 경험'도 지금의 트렌드에서는 중요한 추세다. 경험 자체를 경험하는 것이다. 요즘은 사람들이 여행을 할 때 단순히 눈으로 보고 사진을 찍는 게 전부가 아니다. 직접 체험하고 경험하는 관광을 선호한다.

실제로도 체험형 관광은 과거에 비해 엄청나게 늘어났다. 이제 여행자들의 관심사는 단순히 어디를 가는 것에서 벗어나 '할 것'을 찾는 쪽으로 옮겨가고 있다. 여행지의 액티비티를 먼저 정한 후 갈 곳을 정하기도 한다. 심지어 오지를 찾거나 경비행기를 타거나 혹은 스카이다이빙 같이 위험요소가 있는 활동을 즐기는 익스트림 액티비티 시장도 끊임없이 성장하고 있다. 에어비앤비는 아예 '에어비앤비 어드벤처'라는 상품을 통해 각종 익스트림 액티비티를 선보였다.

이처럼 모험심을 자극하는 소재들은 여행객들의 눈길을 사로잡기에 충분하다. 점차 경험 자체를 느끼고 싶은 사람들의 마음은 '어디를 어떻게 둘러봤느냐'보다는 '무엇을 했느냐'가 더 중요하기 때문이다.

관심사가 다변화되는 트렌드에서 이런 경향은 앞으로도 지속될 것으로 예상된다. VR 산업을 비롯해 새로운 걸 경험하게 만드는 트렌드도 대중들의 관심 속에 존재한다. 제주도에 위치한 플레이케이팝은 가상현실을 통해 스타와 데이트를 즐기는 경험을 할 수 있다. 홀로그램 콘서트를 통해 스타가 눈앞에 있는 듯한 환경을 체험하기도 한다. 아이돌 스타로 직접 변신해 녹음실에서 녹음을 하는 등 각종 체험을 하는 것도 가능하다. 색다른 체험을 통해 콘텐츠를 즐기는 방식을 넓히고, 좀 더 깊이 빠져들 수 있는 경험의 시간을 제공받게 되는 것이다.

이제 경험의 경험을 통해 새로운 체험을 할 수 있는 환경을 조성해 대중들의 눈길을 사로잡아야 한다. 관심을 증폭시킨 후 지속적으로 유지할 수 있는 상황을 만들어야 한다. 관심사 속에서 이탈하기 어려운 상태를 만들어 내는 게 서비스와 콘텐츠에 지속적인 수익을 안겨 준다는 사실을 기억해야 한다.

경험과 신뢰를 바탕으로
수익을 창출한다

경험의 지속은 곧 수익이다. 1인칭 시대에서 개인의 관심사를 충족
시킨다는 건 곧 팬이자 고객이 된다는 뜻이기 때문이다. 눈길을 사로
잡는 것들이 너무나도 많은 시대다. 서비스 제공자도 많고, 콘텐츠를
공급하는 사람도 많다. 매일같이 많은 제품들이 쏟아져 나오고, 하루
가 멀다하고 신규 서비스들이 런칭된다. 이런 상황에서 기업의 가장
큰 목표는 충성도 높은 고객을 확보하는 일이다. 믿고 보고, 믿고 듣고,
또 믿고 쓰는 고객들이 많아져야 꾸준한 수익을 낼 수 있는 것이다.

그러기 위해서는 1인칭 시대에서 가장 중요한 경험을 바탕으로 대
중들을 바라볼 필요가 있다. 앞서 언급한 '과정의 경험' '소통의 경험'
'경험의 경험'의 세 가지 트렌드를 기반으로 생각하면 답은 명확하다.

과정에 대한 경험을 제공해 끊임없이 호기심을 자극해야 한다. 결
과물만 도출해 공급하거나 시장에 내다 팔려는 생각을 버리고, 과정
을 콘텐츠화해 자연스런 홍보수단으로 만들어 대중들에게 다가갈 수

있는 환경을 조성해야 한다.

이를 위해서는 콘텐츠 제작과정과 상품 제작과정에서 대중들의 호기심을 자극할 수 있는 소재를 찾아야 한다. 또 다양한 경로로 언급량을 분석해 대중들이 궁금해 하는 사항들을 찾아낸 후 콘텐츠로 만들어 제공할 수 있는 환경을 갖추면 좋을 것이다. 콘텐츠와 상품을 만들어 내는 과정 자체도 바쁘고 쉽지 않겠지만, 이 과정 사이사이에 소통은 필수적으로 이뤄져야 한다. 대중들의 의견을 수렴할 수 있는 창구 또한 과거에 비해 매우 많아졌다. 각종 플랫폼에서 언급되는 목소리들을 듣고 적극적으로 반영하려는 노력이 필요하다.

이러한 노력이 쌓이고 쌓여 서비스와 콘텐츠에 대한 무한신뢰로 발전해 나간다. 또 소통의 과정에서 대중들에게 소소한 감동을 선사하면 다른 서비스와 콘텐츠로 떠나는 이탈현상을 최소화할 수 있다. 따라서 소통하고 있다는 경험을 제공할 수 있게 많은 관심을 기울일 필요가 있다. 이런 소통환경을 꾸준히 갖춰가면서 서비스와 콘텐츠에 대해 어떤 새로운 경험을 제공할 것인지 고민해 나가야 한다.

우리는 지금 빠르게 변하는 시대에 살고 있다. 새로운 경험을 찾아 나서는 걸 누구보다 원한다. 같은 콘텐츠와 서비스를 가지고도 다른 경험을 제공하는 게 가능하다. 한 테두리 안에서도 다양한 아이디어를 통해 제공할 만한 경험들을 충분히 뽑아낼 수 있다. 이런 고민들이 이어져야 대중들은 이탈하지 않고 꾸준히 콘텐츠와 서비스에 체류하게 된다.

지금 이 시대가 말하는 경험에 주목하라. 대중들에게 경험의 세 가지 측면을 모두 제공할 수 있는 콘텐츠와 서비스가 '수익의 흐름'을 장악할 것이다.

Part 2

인싸의 완성,
요즘 대세는 무엇에 소비하는가?

6장

·

스토리텔링,

대중은 기억한다

스토리로 기억을 남겨라

흥미로운 스토리에 대중은 반응한다

우리가 '만담꾼'이라고 표현하는 사람들에게는 공통점이 있다. 이야기를 술술 잘 이어간다. 그래서 듣는 사람이 지겹지 않다. 농담을 해도, 진담을 해도 자신의 이야기 구조 안에서 그들은 완벽하다. 어색할 틈이 없다. 필자는 이런 사람들을 만담꾼이 아니라 '스토리텔러'라고 말하고 싶다.

지금의 트렌드는 스토리텔러를 원한다. 듣고 있으면 시간 가는 줄 모를 정도로 흥미 있는 이야기를 원한다. 대중들은 연결되지 않는 콘텐츠를 기억하지 않는다. 스토리 안에서 새로운 가치를 찾고, 재미를 찾는다. 그리고 인상 깊은 스토리를 기억한다. 따라서 마케팅에서 스토리텔링은 이제 강점이 아니라 필수조건이다.

요즘 트렌드에서 찾을 수 있는 대표적인 스토리텔러는 방탄소년단과 몬스타엑스다. 우연찮게도 두 팀 모두 영미권 시장에서 큰 인기를 얻고 있다.

방탄소년단의 성장 스토리

⋮

방탄소년단은 멤버들이 성장하는 스토리를 모두 앨범에 담았다. 초반에는 소년의 이야기를 논했고, 성장하면서는 청춘의 갈등과 아름다움을 말했다.

　방탄소년단은 앨범 〈WINGS〉에서 소설 《데미안》을 모티브로 삼아 청춘의 성장과 고뇌를 담았다. 동 시대를 살아가는 청년들에게 메시지를 던진 것이다. 대중들은 이런 과정을 통해 소년에서 청년이 되어가는 방탄소년단에게 동질감을 느꼈다. 함께 성장하는 듯한 기분을 느끼며 공감했기 때문이다. 방탄소년단은 모든 앨범에 걸쳐 이런 서사구조를 통해 통일감을 줬고, 앨범 자체가 하나의 거대한 스토리가

방탄소년단의 앨범 〈WINGS〉(출처 : 빅히트엔터테인먼트)

되는 완벽한 스토리텔링을 완성했다.

스토리는 이해와 공감을 바탕으로 한다. 방탄소년단은 자신들이 실제로 경험해 가고 있는 시기에 대한 이야기를 했다. 본인들이 가장 생생하게 이야기할 수 있는 소재들을 대중들에게 선보인 것이다. 방탄소년단을 지지하는 대중들은 현재 거쳐가고 있는 또는 거쳐온 경험들에 대한 기억들을 떠올리며 그들의 이야기에 지지를 표했다.

방탄소년단의 스토리텔링은 많은 가수들에게 새로운 메시지를 던졌다. 가장 잘 어울리는 옷을 입고 대중들에게 이야기를 건넨다는 게 얼마나 중요한지에 대한 생각을 일깨운 것이다. 기획사가 만들어 내는 콘셉트로 데뷔하는 많은 아이돌 그룹들에게 경각심을 주기도 했다. 공장에서 나온 듯 완벽하게 찍어 낸 그룹이 아니라 자신들의 이야기를 할 수 있는 아티스트에게 대중들이 공감한다는 사실을 입증했다. 확실한 스토리 구조를 앨범에 담아야 한다는 목표가 생겨난 것이다. 이 목표는 기획자와 프로듀서에게도 똑같이 적용된다.

과거에는 스토리 구조보다는 음악 한 곡에 집중하는 경우가 대부분이었다. 기획자가 콘셉트를 짜고, 가수는 콘셉트를 그대로 소화하며 타이틀곡 하나에 힘을 줘 앨범을 만들어 냈다. 하지만 이런 앨범은 음악 한 곡을 즐기기에는 큰 문제가 없지만, 앨범을 전체적으로 들어보면 의도와 목표를 이해하기 어렵다. 그래서 앨범 자체의 가치가 저평가되고, 히트곡은 나오지만 특별함이 결여된 음악에 대중들은 식상해 했다. 그런데 방탄소년단으로 인해 스토리텔링의 중요성이 인식되면서부터 대중들은 마치 한 권의 책을 넘기듯 종합적인 콘텐츠로 앨범을 대하게 되었다.

몬스타엑스의 세계관 스토리텔링

⋮

미국에서 각종 콘서트와 프로그램에 출연하며 글로벌한 행보를 보이고 있는 몬스타엑스도 스토리텔링의 측면에서 주목할 만하다. 몬스타엑스는 앨범에 '세계관'을 담아낸다. 각 앨범마다 대주제라 할 수 있는 세계관을 정해 그에 따른 메시지를 콘셉트와 음악에 녹인다. 심지어 곡의 제목까지 모두 특정 세계관을 반영하고 있다.

이 세계관에는 멤버들이 세상을 향해 전하고 싶은 이야기들이 담긴다. 이들은 데뷔 때부터 이런 스타일로 앨범을 발매하며 활동해 왔고, 앨범이 거듭되면서 세계관도 진화했다. 대중들은 몬스타엑스의 음악과 무대를 접할 때 그들의 세계관을 느끼며 하나의 거대한 주제의식을 발견하게 된다. 이 주제의식은 멤버들의 성장과 함께 꿈틀거리며 다양한 스토리를 세상에 전한다. 즉, 몬스타엑스라는 이름 아래

몬스타엑스 멤버들(출처 : 스타쉽엔터테인먼트)

각종 스토리텔링을 풀어놓으며 한 편의 서사시를 만들어 가고 있는 중이다.

세계관이라는 개념을 통해 콘텐츠 자체에 통일성을 부여하고, 콘텐츠가 제작되는 과정에서 발생할 수 있는 방향성 혼란의 문제를 줄일 수 있다. 목표를 정해 일관된 콘텐츠가 나올 수 있도록 돕는 일종의 '길잡이' 역할을 하는 것이다.

보통 콘텐츠 하나가 탄생하기까지 참여하는 인원도 많고, 발생하는 상황도 많다. 뚜렷한 목표가 없다면 좋은 콘텐츠가 곳곳에서 모인다 한들 의미를 잃어버리기 쉽다. 통일성이 결여되는 것이다. 하지만 특정한 메시지 아래 모인 콘텐츠들은 각각의 존재감뿐만 아니라 통일된 목표로 인해 큰 매력을 발산한다. 완성도가 높아지는 건 물론이다.

지금은 해외에서도 우리의 콘텐츠가 적극적으로 소개되며 대중들의 관심이 증가하고 있는 때다. 완성도를 끌어올리고 콘텐츠 자체로 놀라움을 전해줄 수 있는 방법이 바로 스토리텔링이라는 점을 이제는 많은 사람들이 알고 있다. 몬스타엑스는 데뷔 때부터 이 점을 명확하게 인지하고 있었다.

스토리텔링,
콘텐츠의 '기억력'을 높인다

끊임없는 관심, 스토리텔링으로 유도하라

⋮

최근 늘어나고 있는 드라마와 예능의 시즌제도 같은 맥락에서 이해하면 좋다. 시즌제는 늘어질 수 있는 콘텐츠에 긴장감을 부여한다. 전반적인 스토리 구조를 짜고, 하나의 큰 스토리 안에서 들려줄 이야기들을 나누어 대중들에게 전달하는 것이다. 대중들 입장에서는 지겹지 않게 다음 콘텐츠를 기다릴 수 있는 여유를 가질 수 있다.

스토리텔링의 중요성은 '기대감'에서 찾을 수 있다. 시즌제 드라마로 인기를 얻은 〈보이스〉의 경우 시즌마다 짧고 힘 있는 전개로 대중들에게 다음 시즌에 대한 기대감을 증폭시켰다. 드라마를 인상 깊게 본 대중들은 다음 시즌을 기다리게 된다. 적절한 긴장감을 유지한 스토리텔링은 후속 시즌에 대한 홍보까지 용이하게 만드는 상황을 연출했다. 시즌이 이어지는 내내 드라마가 기대했던 화제성을 유지한

건 물론이다.

음악에서도 마찬가지다. 스토리텔링이 잘되어 있는 가수들은 대
중들에게 끊임없이 기대감을 유발할 수 있다. 앨범을 낼 때마다 꾸준
히 스토리텔링이 이뤄지고 있다면, 각종 콘텐츠를 통해 복선을 제공
하며 팬들과 소통하는 일도 가능하다. 이 복선을 통해 대중들은 다음
앨범에서 가수가 무슨 이야기를 할지 예측하며 컴백을 기다린다.

또 앨범의 전반적인 스토리텔링 구조를 보며 다음 앨범의 이야기
중심이 무엇이 될지도 예상한다. 이런 팬들의 기대감은 유튜브, 블로
그, SNS 등 다양한 미디어를 통해 표출되며 공유된다. 팬 커뮤니티

뿐만 아니라 일반 플랫폼에도 각종 이야기들이 올라온다. 자신들만의 방식으로 일종의 '놀이'를 즐기며 앨범에 대한 기대감을 끊임없이 증폭시키는 방식이다.

상황이 이렇게 되면, 공백기에도 해당 가수에 대한 언급이 줄어들지 않고 유지된다. 언급도가 어느 정도까지 유지되며 공백기를 넘길 수 있고, 그 사이 앨범에 대한 기대감은 계속 높아진다. 이런 상태에서 다음 앨범을 발매하는 매우 이상적인 상황이 연출될 수 있는 것이다.

콘텐츠의 성패는 언급과 관심

콘텐츠의 성패를 결정하는 건 결국 많은 언급량과 끊임없는 관심이다. 이상적인 스토리텔링은 대중들이 쉬지 않고 콘텐츠에 집중하게 만드는 일종의 '유인책'이 된다. 대중들의 관심 속에서 잊혀질 틈이 없어지는 것이다. 이처럼 지금의 트렌드에서 언급량은 매우 중요하다. 언급량이란 인터넷 환경에서 대중들이 언급하는 정도를 뜻하는 개념이다.

엔터테인먼트 업계뿐만 아니라 산업계 전반에서도 언급량의 개념은 가장 신경써야 하는 요소가 되고 있다. 언급량이 많다는 건 대중들이 그만큼 관심을 보이고 있다는 뜻이다. 특정 상품의 언급량이 늘어난다는 건 그 상품에 대한 관심이 늘어나고 있다는 뜻이고, 이는 곧 콘텐츠나 상품이 어떤 방향으로 흘러갈 수 있을지 예측하는 지표가 될 수 있는 것이다.

실제로 트위터는 실시간 트렌드를 통해 언급이 많이 되고 있는 주제들을 사용자에게 제공한다. 아무래도 가수의 경우 팬들의 화력이 좋다 보니 앨범 발매, 콘서트 등 특정 이슈가 있을 때마다 언급을 늘려 트위터 트렌드에 등장하는 경우가 많다. 각종 사회 이슈나 제품들도 화제를 모을 때는 종종 트렌드에 이름을 올린다. 따라서 이렇게 화제 키워드가 있을 때는 홍보를 집중시키고, 관심이 떨어질 때는 언급도를 늘리기 위한 활동을 진행해야 한다.

미국의 빌보드 차트도 언급도에 대한 중요성을 인지해 '소셜 차트'를 만들었다. 소셜 차트는 SNS 언급량을 기준으로 차트 순위를 만드는데, 방탄소년단은 여러 차례 1위를 기록하며 소셜 차트에서도 적수가 없을 정도로 늘 높은 언급량을 자랑한다. 이를 통해 대중들의 관심 안에 한결같이 존재한다는 사실을 알 수 있고, 이 언급량을 유지하기 위해 다양한 이슈로 소통을 벌이게 된다.

언급량 증가에는 다양한 요소들이 영향을 주는데, 각종 미디어를 통해 이슈들이 공유되며 올라가는 것도 사실이다. 이때 중요한 건 대중들 사이에서 자연스럽게 순환될 수 있는 언급량을 만드는 데 큰 도움을 주는 것 중 하나가 바로 스토리텔링이라는 것이다.

대중들은 콘텐츠에 대해 끊임없이 언급하고 싶어 한다. 콘텐츠를 가지고 이야기하며 놀 수 있는 환경을 원하고, 과거와 미래를 함께 논하며 즐길 수 있길 원한다. 스토리텔링은 이런 욕구에 가장 적합한 수단이다. 이미 나온 콘텐츠, 그리고 나올 예정인 콘텐츠 사이를 관통하는 건 대중들의 관심과 기대감이기 때문이다.

스토리텔링으로 확산의 가능성을 높여라

공유하고 싶은 콘텐츠, 스토리텔링의 매력에서 시작된다

완성도를 높인다는 것도 스토리텔링의 매력 중 하나다. 스토리텔링이 없는 콘텐츠는 휘발성이 강하다. 끊어지는 느낌이 들기 때문에 그 자체로 즐기고 끝난다. 훗날 돌아볼 수도 있겠지만, 돌아볼 이유가 있어야 한다. 이유를 만들지 못하면 다시 찾는 건 쉽지 않다.

과거의 음악들이 그렇다. 스토리텔링형 기획이 부족했던 시절의 음악들은 해당 곡이 다시 주목받는 상황이 아니면 굳이 기억해 찾아서 듣지 않는다. 다행히 지금은 유튜브 같은 플랫폼을 통해 옛날 노래를 찾기 쉬워지면서 예전보다 접근성이 좋아졌지만, 아직도 어떤 큰 이슈가 없다면 다시 찾아 듣는 경우는 드물다.

그런데 스토리텔링형 콘텐츠들은 생명력이 강하다. 후속 콘텐츠가 나오면 다시 처음부터 즐기는 경우가 많다. 콘텐츠를 즐기다 메시지를 다시 확인해야 할 필요가 생기면 처음부터 다시 찾아보게 된다. 완벽하게 이해해야 콘텐츠를 즐기는 일이 더 흥미로워지기 때문이다. 그렇게 해당 시리즈 안에서 늘 한결같은 생명력을 가지게 된다.

그런 면에서 방탄소년단과 몬스타엑스의 앨범은 스토리텔링을 담은 연작이라 메시지가 진행되면 다시 들어보고픈 생각이 들 가능성이 높다. 새로 접하는 사람들은 메시지를 이해하기 위해 '정주행'할 필요성이 생긴다. 또 각종 부가콘텐츠에 드러난 콘셉트를 보고 호기심이 들어 이미 나왔던 앨범들을 찾아보기도 한다. 책을 보다가 재미있으면 저자의 다른 책을 찾듯이 발매된 다른 앨범들을 찾아 함께 즐길 가능성이 높아진다.

이런 과정들을 통해 콘텐츠의 생명력은 끊임없이 늘어나고, 콘텐츠의 가치 자체도 지속적으로 유지되는 기회를 얻을 수 있다. 이처럼 스토리텔링은 끊임없이 생명의 숨결을 불어넣는 마법과도 같다.

스토리텔링 자체가 콘텐츠다

⋮

또한 스토리텔링은 자체로 콘텐츠가 되는 강점도 가지고 있다. 방탄소년단과 몬스타엑스의 스토리텔링을 담은 앨범들은 음악뿐만 아니라 콘셉트와 스타일이 모두 콘텐츠가 되었다. 사전에 잘 기획된 주제의식에 맞춰 배치한 각종 요소들이 각자의 역할을 충실히 수행하고 있기 때문이다.

광고의 경우를 생각해 보자. 어떤 콘텐츠나 상품을 알리기 위한 광고는 말 그대로 '광고'다. 알려야 하는 걸 전면에 내세워야 하기 때문에 광고의 틀에서 벗어나기 어렵다. 메시지 자체도 결국은 광고로 귀결된다.

하지만 스토리텔링이 적용된 광고는 거부감 없이 대중들의 뇌리를 파고든다. 대중들은 광고임에도 불구하고 콘텐츠로 인식하는 경우가 많다. 또 인상 깊은 스토리텔링으로 받아들였을 경우에는 입소문의 진원지가 된다. 스토리텔링형 광고는 직접적인 광고에 비해 자연스럽게 자신의 SNS를 비롯한 개인적인 공간에 공유할 가능성도 높아진다. 광고에 대한 거부감은 줄이고, 확산의 가능성을 높일 수 있는 상황을 스토리텔링이 만들어 내는 것이다.

실제로 여성 약품 브랜드인 '하필 그날'은 광고에서 상품에 대한 직접적인 언급 대신 여성들이 공감할 수 있는 이야기들을 시리즈로 풀어내며 큰 호응을 얻었다. 여성들의 고충을 가벼운 터치로 담아낸 이 광고 영상은 SNS에서 자연스럽게 퍼져나가며 직접적인 광고보다 더 좋은 효과를 이끌어 냈다. 영상에 공감한 여성들이 각종 공유와 댓글로 반응을 드러냈고, 꾸준히 바이럴되며 스토리텔링의 중요성을 잘 보여준 사례가 되었다.

의류 브랜드도 마찬가지다. 광고에 스토리텔링을 채택했던 노스페이스는 박진감 넘치는 아웃도어 활동들을 VR 환경에 맞게 담아낸 연작 영상으로 젊은 세대에게 큰 호응을 받았다. 영상 자체가 볼거리도 제공했고, 직접적인 의류 광고보다 공감하거나 즐길 거리가 많아 큰 인기를 누렸다. 통신환경을 통해 겪었던 감동적인 순간들을 하나씩 풀어낸 SK텔레콤의 광고도 세대를 넘나드는 지지를 얻으며 큰 바이

노스페이스의 스토리텔링을 활용한 디지털 캠페인(출처 : 노스페이스)

럴 효과를 얻었다.

이처럼 스토리텔링을 통해 콘텐츠로 인식된 광고들은 퍼져나가기가 쉽다. 그리고 콘텐츠의 바이럴 성과는 특정 플랫폼에서의 조회수 또는 SNS에서의 공유나 댓글로 판단 가능하다. 특히 공유와 댓글은 해당 콘텐츠에 직접 반응을 보이며 소통을 벌이는 일이라 진심으로 공감하지 않으면 쉽지 않다.

많은 유저들이 활발하게 이용하고 있는 인스타그램과 페이스북은 어떤 콘텐츠에 '좋아요'를 누르거나 댓글을 달면 사용자와 친구 관계를 맺고 있는 사람들에게 소식의 형태로 노출된다. 즉, SNS의 친구들이 자신이 좋아하고 댓글을 단 콘텐츠가 무엇인지 알 수 있게 되는 것이다. 따라서 소위 말해 '있어 보이는 콘텐츠' 또는 '좋아해도 충분히 괜찮은 콘텐츠'에만 반응을 보인다.

이게 광고라면 더더욱 그렇다. 광고라는 말만 들어도 거부감을 느끼는 대중들이 많다. 각종 플랫폼에서 '건너뛰기'가 뜨기 전까지 제공하는 5초 또는 15초의 광고조차도 싫어하는 대중들이 대다수다. 이런 대중들의 추세를 고려할 때 광고는 콘텐츠로 인식되어야 유기적으로 퍼져나가게 된다. 넘기지 않고 끝까지 볼 가능성 또한 높아진다.

이럴 때 필요한 게 바로 스토리텔링이다. 최대한 광고 티가 나지 않는 광고이기 때문이다. 스토리에 공감하면 자연스럽게 인터랙션이 발생하고, 광고에 체류하는 시간도 길어진다. 다음 광고에 대한 기대감도 커질 뿐더러 한꺼번에 모아보는 일도 벌어진다. 확산의 최적화, 스토리텔링에서 답을 찾으면 좋을 것이다.

성공적인 스토리텔링을 위한
몇 가지 조언

대중들의 마음에 파고드는 건 모두의 목표다. 콘텐츠 생산자는 대중들의 마음속에 자리해 선택받길 원한다. 또 상품을 만드는 사람도 대중들의 마음 한 구석을 차지해 판매되길 원한다. 그리고 이러한 목표를 이루기 위해서는 당연히 정교한 기획과 트렌드를 읽는 눈이 필요하다. 이때 트렌디한 소재를 반영한 스토리텔링은 대중들의 마음을 파고드는 좋은 수단이 될 것이다.

어울리는 옷을 입어라
⋮

소비트렌드의 변하지 않는 핵심은 '가장 어울리는 옷'을 입는 것이다. 그간 많은 콘텐츠들이 인위적으로 만든 시스템 안에서 쏟아져 나오며 어울리지 않는 옷을 억지로 입은 경우가 많았다. 플랫폼에 맞춰야 한다는 부담감과 빠른 속도로 많은 콘텐츠를 생산해야 한다는 성과지상주의가 콘텐츠의 공장화를 이끌었다. 공장에서 찍어 낸 듯 빠른 속도로 만들어진 콘텐츠들은 완성도도 일정했다. 그리고 대중들은 그만큼 빠르게 피곤함을 느꼈다.

지금은 세상이 달라졌다. 요즘 만들어지는 콘텐츠는 기획 단계부터 대중의 마음과 대세를 반영하고 있다. 공장에서 찍어 낸 듯 똑같은 상황에서 벗어나 각자 잘하는 것들을 선보이는 시대로 바뀌고 있다.

스토리텔링 역시 그렇다. 상상 안에서만 존재하는 기획은 설득력이 떨어진다. 실제로 경험했고, 경험하고 있고, 또 경험할 이야기들을 다루는 게 중요하다. 해외에서 인정받는 케이팝 아티스트들의 스토리텔링은 그들이 경험한 이야기를 직접 반영하는 과정에서 나왔다. 자신들이 부를 음악을 고민하며 직접 만들고 그 안에 그들만의 이야기를 녹여냈기 때문에 더욱 설득력을 가질 수 있었다.

스토리텔링은 결국 '내 이야기'를 하는 과정에서 탄탄한 스토리 구조를 갖춘다. 남의 이야기를 내 것처럼 한다면, 어울리지 않는 옷을 입는 일에 불과하다. 진정한 스토리텔링형 소통을 위해서는 콘텐츠 기획의 중심을 생산자와 대중에게 맞춰야 한다. 모든 걸 다 짜놓고 거기에 맞춰 완성하는 게 아니라, 생산자와 대중을 중심에 놓고 고민하며 나오는 '진짜 이야기'를 반영할 수 있어야 한다.

생생한 이야기는 경험과 고민에서 나온다. 지금껏 공감을 얻은 케이팝 아티스트들이 그러했듯, 스토리텔링은 대중과 함께 나눌 수 있는 이야기가 무엇인지 고민하는 과정에서 나오는 것들을 가지고 완성해야 한다.

보편타당함에서 찾아라

⋮

최근 각종 브랜드에서는 제품과 함께 한 경험이나 추억을 공모하는 이벤트를 자주 연다. 이런 움직임은 스토리텔링이 트렌드를 반영하는 좋은 사례라고 볼 수 있다.

스토리텔링의 소재는 보편타당한 것에서 찾아야 한다. 조금 더 나아가면 '인본주의', 즉 인간적인 가치를 반영하는 게 필요하다. 살아온 과정들, 사회생활, 사랑, 연민, 가족 등 추억과 감동을 동반하는 주제들이 여기에 속한다. 앞서 언급한 케이팝 아티스트들 역시 성장통, 청춘의 고뇌 등을 스토리텔링의 소재로 삼았다. 누구나 거쳐가는 보편적인 가치이다 보니 그만큼 공감의 가능성도 높아진다.

바나나 우유가 갑자기 'ㅏ ㅏ ㅏ 맛 우유'로 나왔다. 'ㅏ ㅏ ㅏ'라는 세 모음에 본인만의 이야기를 담을 수 있는 공간을 만든 것이다. 때로는

스토리텔링형 마케팅으로 주목받았던 #채워바나나 우유 캠페인(출처 : 빙그레)

힘찬 응원을, 때로는 다독거림을, 또 때로는 로맨틱한 사랑의 메시지를 담을 수 있는 이 스토리텔링형 마케팅은 SNS에서 많은 화제를 모으며 인증 대란을 일으켰다. 무한한 가능성을 머금은 바나나맛 우유 하나가 만들어 낸 파급력은 생각보다 엄청났다. 각자의 스토리를 담는다는 점에서 대중에게 집중한 스토리텔링 마케팅 사례로 보면 좋다. 보편타당한 소재로 공감을 불러일으켜야 한다는 원칙에도 들어맞았다.

광고를 보는 건 결국 대중이고, 대중은 결국 사람이다. 사람들에게는 공감할 만한 가치도 있고, 불쾌할 만한 이야기도 있다. 스토리텔링의 핵심은 사람들이 공감할 수밖에 없는 가치들을 담아내는 것이다. 인본주의를 망각한 스토리텔링은 공감을 얻기 어려울 뿐만 아니라 외면을 부를 수 있다.

여기에서 한 가지 의문이 생길 수 있다. 트렌드는 빠르게 움직이며 새로운 걸 찾는데, 왜 스토리텔링의 주제는 새롭고 신선한 걸 찾지 않고 인본주의여야 하냐는 물음이다. 이 사실은 역으로 생각하면 좋다. 1인칭 사회가 열리며 관심사가 다변화되고, 각자의 방식에 맞게 콘텐츠를 고르는 시대가 되었다. 하지만 이런 환경에서 남모를 공허함을 느끼는 사람들이 많다. 인간이라면 누구나 느끼고 싶어 하는 관심과 따뜻한 가치들을 잊고 사는 경우도 있다. 각자의 삶이 치열하게 이뤄지는 세상이기 때문이다. 그래서 이럴 때일수록 스토리텔링은 더욱 인본주의에 집중해야 한다. 마음이 움직이면 더욱 큰 효과를 발휘한다. 마음을 움직이는 건 결국 가장 기본적인 가치라는 사실을 잊지 말아야 한다.

행동하는 스토리텔링,
이미지를 바꾼다

스토리텔링을 완성하는 마지막 퍼즐, 행동

⋮

스토리텔링은 판을 바꾸는 힘을 발휘하기도 한다. 그만큼 트렌드에서 강력한 존재감을 가지고 있다. 따라서 스토리텔링을 구성할 때에는 경험에서 우러나오는 이야기들을 사용하고, 공감을 불러일으킬수 있는 소재를 찾아내야 한다. 그리고 이야기가 자연스럽게 흘러갈수 있도록 소재를 배치하고, 대중들이 어색함을 느끼지 않도록 적절한 구성이 뒤따라야 한다.

여기에 완성도를 더욱 높이는 조건 중 하나로 '행동'이 필요하다. 스토리텔링이 행동으로 이어지는 과정을 만들어야 한다. 지금의 트렌드는 인증샷을 원한다. 직접 움직여 흔적을 남기거나 직접 느끼며 체험하길 원한다. 행동으로 옮겨 인증샷을 남기는 것, 앞서 언급한 경험의 한 단면이다. 이런 경험을 스토리텔링에 적용하면 완성도를

CJ의 케이팝 행사 케이콘(출처 : CJ ENM)

높이는 방향으로 나아갈 수 있다.

CJ ENM의 음악 채널 엠넷이 내세우는 스토리텔링은 'We Are K-POP'이다. '우리가 케이팝'이라는 스토리텔링 아래에서 각종 음악 프로그램들이 전파를 타고 있고, 음악을 소재로 다양한 프로그램들을 선보이며 케이팝이라는 소재를 다각도로 활용 중이다. 그리고 여기서 그치지 않고 행동을 선보이고 있다.

바로 '케이콘(KCON)'이라는 행사를 개최하는 것이다. 이 행사를 통해 해외 팬들과 소통하고, 케이팝 아티스트들을 해외시장에 소개하고 있다. 게다가 매년 케이콘에 그치지 않고 라이프 스타일을 확산시키며 문화 플랫폼으로서의 역할을 톡톡히 수행하고 있다. 'We Are

K-POP'으로 시작한 스토리텔링이 '케이콘'이라는 행동을 통한 경험
으로 이어지고 있는 좋은 사례다.

스토리텔링의 핵심, 신뢰관계를 형성하라

⋮

스토리텔링이 단순한 이야기에서 그치지 말아야 하는 이유는 신뢰관
계에 있다. 일상을 돌아보자. 말만 많은 사람, 어떤가? 보통은 가장
싫은 유형의 사람이다. 특히 말만 늘어놓고 실천하지 않는 사람에게
는 신뢰를 보내기 어렵다. 인간관계에서 이런 유형의 사람들은 도태
되기 쉽다.

콘텐츠나 상품, 기업도 마찬가지다. 스토리텔링으로 멋진 이야기
구조를 만들어 놓았다면 그 상태에서도 알릴 만한 가치는 충분하지
만, 여기에 스토리텔링에 어울리는 행동이 이어진다면 좀 더 확실한
신뢰를 보낼 수 있는 것이다.

신을 뜻하는 영단어인 GOD(갓)과 오뚜기의 합성어로 '갓뚜기'라
는 별칭을 얻은 오뚜기의 사례는 꾸준한 스토리텔링이 있었기에 가
능했다. 물론 해당 업체가 스토리텔링을 전면에 내세웠던 건 아니다.
오뚜기는 한결같이 소비자를 위해 행동하며 기업윤리를 챙기는 스토
리를 이어갔다. 이에 감탄한 대중들은 SNS를 통해 자발적으로 오뚜
기의 스토리텔링을 알리기 시작했다. 거기에 갓뚜기라는 애칭까지
얻으며 기업 이미지 확산과 생각지 못한 홍보 효과를 누렸다. 행동이
스토리텔링을 완성하는 기법이라는 걸 증명한 것이다.

SNS를 통해 '갓뚜기'라는 별칭을 얻은 건 한결같은 행동이었다(출처 : 오뚜기)

수많은 콘텐츠와 기업들은 저마다 자신들만의 스토리를 만들기 위해 애를 쓰고 있다. 당연히 필요한 일이다. 특히 지금의 트렌드에서 대중들은 좀 더 오래 두고 즐길 수 있는 스토리를 원한다는 것을 기억해야 한다. 이런 스토리들이 확산될 수 있는 가능성 또한 높다.

이제는 스토리텔링도 진화해야 하는 시기에 놓여 있다. 많고 많은 스토리의 결실을 맺게 하는 방법이 바로 행동이라는 걸 인식하고 대응할 필요가 있다. 스토리텔링에 뒤따르는 행동을 보여주고, 대중들에게 스토리텔링을 경험할 수 있는 환경을 제공해야 한다. 수많은 스토리들 속에서 보석 같이 빛나는 방법은 진화된 스토리텔링을 완성하는 것이다.

스토리텔링이 곧 신뢰와 수익으로 연결되는 시대다. 이야기하고 싶은 것들을 정하고 대중들과 소통해 가는 과정이 곧 스토리텔링이다. 공유하고 싶은 콘텐츠와 상품을 만들어 내는 기본도 바로 스토리텔링이다. 어울리는 옷을 입고, 보편타당함 속에서 행동하는 스토리텔링을 보여줘야 한다. 그 스토리에 따라 대중들이 감동하고, 감동은 곧 소비를 부른다는 걸 명심해야 할 것이다.

•

7장

'짤',

짧은 순간의 마력

'짤'의 탄생,
새로운 콘텐츠가 되다

'짤'의 시대, 대중의 눈길을 사로잡다

⋮

요즘 '짤' 만큼 다양하게 쓰이는 게 또 있을까 싶다. 짤은 사진을 뜻한다. 재미있는 순간을 찍어 놓은 사진이나 TV 화면을 캡쳐해 놓은 사진들이 모두 짤에 속한다.

짤은 웃음을 목적으로 시작됐다. 각종 영상 콘텐츠에서 웃기는 장면들을 캡쳐하거나 재미있는 사진들을 공유하는 것으로 사람들에게 즐거움을 주었다. 그렇게 출발한 짤은 이제 이모티콘만큼이나 중요한 역할을 하고 있다. 짤은 메신저에서 이모티콘처럼 메시지를 대변할 때 쓰거나 각종 댓글에서 마음을 표출하는 수단으로 사용되기도 하는 등 활용도가 아주 높다.

짤의 중요성을 일찍 간파한 페이스북은 사진 댓글 기능을 활성화시키며 짤 댓글을 달 수 있게 만들었다. 여기에 영상 형태로 짧게 움직이는 짤을 뜻하는 '움짤'까지 댓글로 달 수 있게 하며 대중들의 사용 패턴을 빠르게 반영했다. 덕분에 대중들은 글뿐만 아니라 짤과 움짤로도 의견을 표출하며 좀 더 재미있는 SNS 생활을 하고 있다.

중요한 건 이 짤이 콘텐츠로 기능할 수 있느냐에 대한 것이다. 콘텐츠로 기능하려면 파급력이 있어야 하고, 널리 사용되며 예상치 못한 홍보 효과를 창출할 수 있어야 한다. 처음에는 갸우뚱하는 측면이 많았다. 콘텐츠라 보기에는 너무 단순했기 때문이다.

하지만 짤은 트렌드와 정확하게 맞아 떨어지며 일시적인 현상이 아닌 콘텐츠로 자리잡았다. 일단 지금 콘텐츠 시장의 트렌드는 포인트만 즐기길 원한다. 길게 늘어지는 걸 딱히 선호하지 않는다. 많은 시간을 투자해 콘텐츠를 즐기기보다는, 짧고 강한 포인트만 즐기는 게 지금의 트렌드다.

그래서 방송사들은 유튜브와 네이버 TV캐스트를 통해 5분 내외의 짧은 길이로 하이라이트를 잘라 업로드한다. 대중들은 이를 통해 보고 싶었던 장면, 가장 재미있는 장면을 골라 즐기며 콘텐츠를 소비한다. 심지어 내용 전체가 중요한 탐사보도 프로그램들도 방식을 바꿨다. 본 방송을 통해 전체 내용을 내보낸 후, 내용을 압축적으로 재가공해 유튜브나 각종 채널을 통해 대중들에게 선보이고 있다.

또 최근의 소셜미디어와 인터넷 환경에서는 긴 말을 선호하지 않는다. 소셜형 워딩의 핵심은 짧고 핵심만 담는 '트위터형' 글쓰기이고, 메신저에서는 더 짧고 간결한 표현을 선호하고 있다. 특히 문자 메시지보다 메신저를 훨씬 많이 쓰는 지금의 환경에서는 더욱 더 짧은 표현들이 공유되고 있다.

짤로 새로운 가능성을 열어낸 장성규(출처 : JTBC)

이런 경향을 대변하는 게 바로 이모티콘이다. 글보다 더욱 짧은 표현으로 자신의 의사를 명확히 전달할 수 있는 이모티콘은 그래서 주목받을 수밖에 없다. 짤은 이모티콘의 또 다른 모습이다. 사진 한 장으로 표현을 대신하는 것이니 말이다.

짧고 강렬한 짤 트렌드를 읽어 사람들의 휴대폰을 지배한 사람이 있다. 바로 방송인 장성규다. 그는 한 프로그램에 나와 눈으로는 웃지 않는 이유를 설명하며 직접 웃음을 지어 보였다. 묘한 눈의 상태를 확인한 대중들은 해당 방송을 짤로 만들어 올렸고, 긴 설명 없이도 웃음을 유발하는 짤이 됐다. 해당 짤은 학생들 사이에서 휴대폰 배경화면으로 유행하며 히트를 쳤다.

소셜형 워딩의 트렌드를 타고 짤은 돌고 돈다. 상대방에게서 받은 짤이 마음에 들면 받은 사람이 또 사용한다. 메신저에서 사용하던 짤을 SNS에서 사용하기도 하고, 서로 모은 짤을 공유하며 필요한 상황에 사용하기도 한다. 즉, 이런 간결한 문화트렌드에서 짤은 돌고 돌며 엄청난 생명력을 가지게 되는 것이다.

재미, 간결, 단순함이 생명이다
⋮

재미를 선호하는 트렌드도 짤에 힘을 실어줬다. 지금은 재미가 목적인 시대다. 단순히 즐기는 걸로 끝내는 스낵형 콘텐츠는 더욱 더 그렇다. 스낵을 먹는 것처럼 가볍게 즐기고 넘기면 그게 그 콘텐츠의 의미가 된다. 콘텐츠의 목적이 분리되고 있는 것이다. 긴 호흡으로 여유롭게 보여주는 게 의미를 가지는 콘텐츠와 짧은 호흡으로 재미있게 보여주는 게 의미를 가지는 콘텐츠로 시장은 양분화됐다. 이렇게 콘텐츠는 상황과 의미에 따라 다른 목적을 가지고 대중들을 만나고 있다. 이중 SNS와 메신저에서 공유되는 콘텐츠들은 후자의 목적이 강하다.

짤이 유행하게 된 배경에는 데이터 사용량도 영향을 미쳤다. 우리는 늘 와이파이 환경을 찾아다니며 빵빵한 와이파이존에 들어가면 기분이 좋아지는 유목민이다. 하지만 와이파이가 안 되는 곳에서 콘텐츠를 즐길 때가 많다. 그러다 보니 아무리 데이터 무제한 요금제를 쓴다 한들, 용량도 크고 긴 콘텐츠는 무거워서 부담이 된다. 읽어 들이는데 시간이 오래 걸리다 보니 짜증이 날 때도 많다. 그래서 콘텐츠는 가벼울수록 좋다. 특히 늘 데이터와 싸워야 하는 10대들의 경우 가벼운 콘텐츠를 향한 열정은 남다를 수밖에 없다.

콘텐츠는 함께 봐야 제 맛이다. 재미있으면 공유하고, 필요한 친구에게는 태그 댓글까지 달며 권한다. 그런데 콘텐츠가 너무 무겁고 진지하다면 같이 보자고 말하기가 미안해진다. 바쁘게 사는 지금의 사람들은 얼른 보고, 크게 한 번 웃은 다음 각자의 일을 위해 움직이는 게 좋다. 너무 길고 무거운 메시지를 담은 콘텐츠는 짬 나는 시간에 즐기기가 불가능하다. 그래서 SNS나 메신저를 통해 사람들이 주고받는 콘텐츠의 특징은 재미를 추구하며, 간결하고 단순한 것이 많다. 다른 사람 눈치 안 봐도 되고 속도도 빠르니 저절로 흥이 난다. 한 번 보라고 링크를 전송하거나 파일 자체를 전달해도 부담이 되지 않으니 말이다.

짤은 이러한 특징을 모두 가지고 있다. 재미를 위해 시작한 거라 당연하게도 재미있는 부분이 많다. 또 단순하지만 간결하게 메시지를 전한다. 짤보다 조금 길어진 움짤도 마찬가지다. 짤보다 길다 한

재미있는 짤로 유튜브 구독자를 지배한 〈워크맨〉(출처 : 워크맨)

들 대부분 몇 초만에 큰 재미를 준 후 끝난다. 매우 간결하며 메시지가 명확하다. 짤은 이렇게 트렌드에 정확히 부합하는 특징을 가지고 순식간에 콘텐츠화되어 대중들을 사로잡았다.

앞서 언급한 장성규는 직업 체험을 하는 〈워크맨〉이라는 방송으로 유튜브 콘텐츠를 만들고 있다. 이 프로그램은 장성규의 입담이 재미있다는 입소문을 타면서 인기가 늘었다. 급기야 그의 입담을 캡쳐한 짤들이 인터넷에 급속도로 돌았고, 대중들은 도대체 이게 어디서 나오는 거냐며 방송을 찾아보기 시작했다. 그렇게 유튜브 구독자는 급속도로 증가하고 있고, 여전히 〈워크맨〉은 짤로 바이럴 마케팅이 진행 중이다. 재미, 간결함, 단순함으로 승부한 〈워크맨〉의 짤은 돌고 돌며 유튜브 채널의 구독자를 증가시키고 있다. 짤의 힘은 이렇게 대단하다.

'짤'로 흥하고
'짤'로 커진다

'짤', 콘텐츠의 가능성을 유감없이 드러내다

⋮

단순한 게 어떻게 콘텐츠가 될 수 있냐는 부정적인 의견을 넘어 짤은 대중들의 이야기 소재가 되었고, 특정 콘텐츠의 홍보를 담당하는 역할도 수행하고 있다. 심지어 콘텐츠의 인기와 확산을 견인해 대중들의 열렬한 지지를 얻어내기도 한다.

나영석 사단의 대표적 예능이라 할 수 있는 〈신서유기〉는 짤로 바이럴 효과를 창출하며 대중들에게 인지도를 확보했다. 출연진이 내뱉는 말들은 자막의 형태로 끊임없이 대중들의 관심을 끌었다. 또 자막과 절묘하게 어울리는 표정은 짤을 생성하기에 매우 좋은 조건이었다. 완벽하게 말의 의도를 드러내는 듯한 출연진의 표정은 큰 웃음을 줬다. 신기하게도, 자막과 함께 표정이 잡히니 마치 이모티콘 같은 효과를 냈다.

숱한 짤을 생성하며 막강한 바이럴 효과를 창출한 〈신서유기〉 (출처 : tvN)

〈신서유기〉의 짤은 얼마나 인기를 얻었으면 매회 짤 모음 게시물들이 블로그와 SNS에 올라올 정도였다. 심지어 SNS에 '상황별로 쓰기 좋은 신서유기 짤 모음'이라는 게시물까지 등장하며 인기를 모았다. 프로그램을 잘 몰랐던 사람들도 짤에 끊임없이 노출되다 보면 내용에 대해 궁금증이 생길 수밖에 없었다.

이렇게 시청자를 끌어모은 〈신서유기〉는 시청률 고공행진을 기록하며 시즌제로 계속 인기를 누렸다. 출연 멤버들은 나영석 사단의 다른 예능에도 출연하며 역시 짤을 생성하고 있고, 이로 인해 꾸준한 화제와 바이럴 요소들이 이어진다. 방송이 종료된 후에도 짤이 계속 돌기 때문에 대중들의 눈길 밖으로 사라질 틈이 없다. 매우 유기적인 화제성 유지가 이뤄지고 있는 것이다.

짤, 광고가 되다

⋮

대중들에게 회자되는 짤은 생각지 못한 결과를 가져오기도 한다. MBC 〈복면가왕〉에서 일명 레전드 짤을 생성했던 주인공이 있다. 바로 개그우먼 신봉선이다. 그녀는 일명 'ㄱㄴ 짤'로 불렸던 짤로 SNS와 메신저에서 엄청난 파급력을 일으켰다. 상황 자체도 재미있었지만, 자막과 맞물리면서 많은 대중들이 환호했고 숱한 패러디를 양산했다. 본인도 예능 프로그램에 나와 무의식중에 탄생한 레전드 짤이라며 인기를 인정하기도 했다. 심지어 그녀는 이 짤을 이용해 광고까지 찍었다.

광고 속 그녀의 모습은 짤에서의 이미지 그대로다. 광고 촬영까지 갈 수 있었던 건 그녀의 엔터테이너적 기질도 큰 역할을 했겠지만 대중들이 열광한 짤의 효과라는 점도 무시하기 어렵다. 짤의 모습 그대로 광고에 등장했다는 점에서 찰나의 순간이 콘텐츠가 되었다는 사실 또한 부인하기 어려울 것이다.

재미있다는 이유만으로 공유가 시작되었을 때, 대중들은 이 모습

레전드 짤 하나로 광고를 찍은 경우도 있다(출처 : MBC, GS25)

그대로 광고까지 찍을 거라는 사실을 예상이나 했을까? 하지만 짤의 힘은 강력했다. 광고까지 이어지는 유기적인 콘텐츠의 힘을 과시한 것이다.

이처럼 짤은 훌륭한 바이럴 마케팅의 수단이고 홍보 도구이다. 그리고 휘발성 강한 단순 광고를 대신해 꾸준히 마케터의 역할을 수행하고 있고, 오히려 정식 광고보다 더 뛰어난 효과를 창출하고 있다.

지금의 트렌드에서 몇 가지 사례만 봐도 짤은 꽤나 근사한 콘텐츠로서 역할을 다하고 있음을 알 수 있다. 대중들의 관심 속에서 짤은 끊임없이 생성되고 공유되고 있다. 그리고 이제는 단순한 놀이가 아닌 콘텐츠로 기능하며 영향력이 더 커지고 있다.

소비를 부르는
트렌드형 워딩에 주목하라

짤의 시대, 새로운 워딩을 통해 적응하라

⋮

짤의 시대다. 그럼, 소비를 부르는 센스는 어디로, 어떻게 가야 하는 걸까? 답은 간단하다. 짤이 공유될 수 있는 환경을 만들고, 대중들의 눈에 띄게 계속 만들면 된다. 대중들은 자신도 모르는 사이에 바이럴 마케터가 되는 것이다. 바이럴 효과를 체감하게 되는 건 콘텐츠와 기업이다.

필자는 다소 역설적이지만, 짤을 위해서는 이미지만큼이나 글에 신경써야 한다는 말을 강조하고 싶다. 여기서 말하는 글이란 자막을 비롯한 각종 워딩을 가리킨다.

영상의 시대이다 보니 보여주고 싶은 메시지는 글보다 영상으로 전달하는 게 더 빠르고 눈길을 사로잡기도 쉽다. 하지만 간결하고 힘 있는 워딩이라면 이야기는 달라진다. 여기서 필요한 게 바로 트렌드형 워딩이다.

트렌드형 워딩은 소셜미디어 환경 및 플랫폼 시대에 맞는 글을 만들어 내는 작업이다. 즉, 현 시대의 트렌드에 맞는 글쓰기와 단어 선택을 말한다. 이 워딩은 단 하나의 단어가 될 수도 있고, 한 줄이 될 수도 있다. 그만큼 효과적인 한 방이 성패를 좌우하는 것이다.

초기에 등장한 SNS들은 긴 글에 최적화되어 있었다. 마치 일기를 쓰듯, 표현하고 싶은 말을 모두 적는 게 옳다고 여겨졌다. 상품이나 콘텐츠에 대한 설명도 장황하게 표현했다. 기획 의도부터 시작해 강점까지 모든 걸 나열하는 게 당연한 일이었다.

하지만 지금의 트렌드는 조금 다르다. 영상에 익숙해진 세대는 긴 글에 취약하다. 끝까지 읽으려 하지도 않을 뿐더러, 너무 긴 글은 읽기도 전에 포기해 버린다. 그래서 핵심만 뽑아내거나 시작부터 정확한 메시지를 전달해 호기심을 유발하는 트렌드형 워딩이 필요하다.

어쩌면 짤은 이런 트렌드형 워딩의 최전선에서 콘텐츠들을 이끌고 있는지 모른다. 다시 한 번 짤을 생각해 보자. 아주 재미있는 상황을 캡쳐해서 짤로 만들었다고 가정하자. 그런데 상황을 알고 보면 피식 웃음이 나오겠지만, 대부분의 사람들은 그 짤이 무슨 상황인지 모른다. 공감이 어려워진다. 다양한 해석을 추구하는 '열린 콘텐츠'라면 사정이 다르겠지만, 대부분의 짤은 다채로운 해석보다는 빠른 전달이 필요하다. 그래서 결정적이고 재미있는 순간이라도 사진만 존재한다면 방향성이 흔들릴 수 있다.

짤 문화가 대중들에게 급속도로 퍼지며 대세로 떠오른 건 대부분 '자막'이 있었기 때문에 가능했다. 그 상황을 압축적으로 설명해 주는 자막 또는 짤 느낌에 어울리는 멘트가 있었기에 이해를 높이고 공유를 부를 수 있었다. 짤을 SNS나 메신저에 공유하는 것도 자신의 마음과 메시지를 대변해 주는 '한 줄'이 존재했기 때문이다. 단순히 사진만 있었다면, 이 정도로 의미 있는 활동이 이어지진 않았을 것이다.

트렌드를 따라가는 워딩은 간결해야 한다

길게 나열되는 워딩은 짤 하나에 담기 어렵다. 따라서 최대한 압축해 한 줄 안에 담고 싶은 메시지를 집어 넣어야 한다. 마치 한 줄의 자막을 넣듯 말이다. 긴 글에서도 주제를 담고 있는 건 한 문장이다. 나머지는 이 주제를 위해 동원된 재료인 경우가 많다.

물론 간결한 워딩이라고 해서 무조건 짧은 걸 추구하는 게 아니다. 주제 전달을 위해 부연을 조금 줄이고, 주제문에 더 집중하는 형태가 간결함을 좌우한다. 가장 말하고 싶은 주제를 먼저 잡아서 워딩을 완성하는 게 사람들의 눈길을 사로잡기에 좋다.

짤이라면 더욱 그렇다. 해당 장면과 가장 잘 어울리는 메시지 한 줄이면 충분하다. 더 길게 생각하면 흐름이 늘어진다. 간결함을 유지하며 대중들에게 다가가는 게 효과를 더 증진시킨다.

기획 단계부터 짤을 의도하라

⋮

콘텐츠 기획자들은 기획 단계부터 짤이 돌 수 있을 것이라는 가정을 어느 정도 한 후 영상 제작에 들어가는 센스가 필요하다. 물론 짤만을 생각하고 만드는 콘텐츠는 어디에도 없다. 하지만 적어도 콘텐츠의 어느 부분이 짤이 될 수 있을 것이라는 예측을 사전에 해야 한다는 것이다. 이런 판단은 드라마, 영화 그리고 광고에 이르기까지 모든 콘텐츠에 적용된다.

예능 프로그램들은 짤의 중요성을 실감하고 과거보다 자막에 더 많은 신경을 쓰고 있다. 예능마다 자신들만의 자막 톤을 만들기 위해 노력하고 있다. 핵심장면뿐만 아니라 상대적으로 덜 중요한 장면에도 곳곳에 자막을 배치해 캡처를 부르는 환경을 만든다.

광고도 마찬가지다. 제품을 보여주는 광고가 여전히 대부분이지만, 코믹한 내용으로 짤을 유도하는 광고도 점점 많아지고 있다. 또한 코믹한 장면을 연출하지 않더라도 제품만 보여주는 게 아니라 특정한 상황을 담아내는 광고가 늘어나고 있다. 이런 특정 장면을 보고 대중들이 짤을 만들어 내는 경우도 늘어가는 추세다.

속쓰림과 소화불량에 먹는 의약품 '개비스콘'의 광고는 속이 안 좋을 때 약으로 해결하는 상황을 담고 있다. 별거 아니라고 생각할 수 있지만, 아픈 속을 시원하게 만드는 상황 자체는 답답한 마음을 안고 사는 현대인들의 현실을 건드렸다. 지금도 포털에 해당 제품을 검색하면 연관 검색어로 짤이 뜰 정도로, 광고 이미지는 큰 반향을 일으켰다. 심지어 자신의 마음을 답답하게 만드는 요소들을 타이핑하고,

개비스콘 짤 생성기

속쓰림 키워드

시험,조별과제,알바,레포트,재수강,계절학기

개운함 키워드

자퇴

⬇ 내려받기

레포트
시험
조별과제
재수강
계절학기 알바

자퇴

의약품 광고 하나가 수많은 짤을 만들었다(출처 : 개비스콘 짤 생성기 사이트 캡처)

해결책을 함께 적으면 짤로 생성해 주는 짤 생성기까지 등장해 수많은 짤들을 양산해 냈다.

의약품 광고 하나가 이렇게 많은 패러디를 양산할 것이라고 생각한 사람은 그리 많지 않았을 것이다. 하지만 특정 상황을 연출한 광고는 대중들의 답답한 마음을 건드렸고, 이를 짤로 생성하며 일종의 놀이를 즐겼다. 답답했던 마음을 놀이를 통해 조금은 해소한 것이다. 자조적인 웃음을 지으며 스트레스를 해소한 대중들은 이 짤을 숱하게 퍼나르며 확산시켰다.

이런 상황은 자체로 광고가 되는, 광고주로서는 매우 유쾌한 일이다. 콘텐츠를 만드는 사람이라면 모두 이런 상황을 목표로 해야 할 것이다. 하지만 준비하지 않는 자에게 기회는 오지 않는다. 따라서 기획 단계부터 단순히 콘텐츠를 기획한다는 생각에서 벗어나 장면 하나하나가 어떤 방식으로 대중들에게 어필할 수 있을지 생각해 보는 센스가 필요하다.

조금 더 나아가자면 짤을 노리는 기획까지 필요한 게 지금의 트렌드다. 콘텐츠를 전체적인 관점에서 바라보는 일은 당연히 중요하지만 짤 트렌드를 바탕으로 콘텐츠를 조각 내어 작은 단위로 생각해 제시하는 방법도 반드시 염두에 두어야 한다.

생활밀착형 센스를
발휘하라

생활에 가까운 드립, 공유를 부르는 짤의 비밀

좋은 짤을 만들어 내는 또 다른 센스는 대중들의 현실을 바라보는 날카로운 시선에서 나온다. 그간 인기를 얻었던 짤들은 생활밀착형 주제에서 나온 경우가 많았다. 직장 상사에게 쓰고 싶은 짤 모음, 시험을 앞두고 하고 싶은 말 짤 모음, 연인 때문에 화가 날 때 쓰고 싶은 짤 모음 등 다양한 주제가 인기를 얻었다. 이 주제를 잘 살펴보면 대부분 우리 주변의 가까운 곳에 존재했다는 사실을 알 수 있다.

대중들은 늘 스트레스를 해소하고 싶은 욕구를 느낀다. 학업·직장 등 다양한 사회생활 속에서 많은 스트레스를 받지만 정작 여기서 쌓인 고민을 밖으로 내뱉기는 어려운 게 현실이다. 회사를 그만두자니 생활이 눈에 밟히고, 학업을 내려놓자니 미래가 걸린다. 사회생활을 해야 하니 꼭 거쳐야 하는 과정이지만, 스트레스는 피하기 어렵다.

짤 자체로 광고를 만들어 버린 호텔스컴바인 광고(출처 : 호텔스컴바인)

그러다 보니 하고 싶은 말들을 대신 해줄 수 있는 수단을 찾는 게 대중들이다. 이때 짤은 대변인으로 좋은 재료다. 그래서 유독 생활 주변에 있는 주제에 대한 짤들이 많이 공유되는 경향이 있다.

피오를 모델로 한 호텔스컴바인의 유튜브 광고는 장면마다 짤들을 만들어 냈다. 그런데 대부분의 짤들은 광고와 관련 없는 사회생활과 관련된 주제로 확산됐다. 특히 어이가 없다는 표정의 짤은 직장생활과 시험 그리고 인간관계에서 오는 답답한 상황을 대신해 주는 짤로 인기를 모으며 많은 화제를 모았다.

자신을 대변해 주는 짤이 공유된다
⋮

흥미로운 건 짤이 생성된 상황 자체는 고려하지 않고, 대중들은 자신들의 생활 속 상황을 빗대어 표현하기 위해 짤을 확산시켰다는 것이다. 결국 짤은 대중들이 가장 말하고 싶었는데 말할 수 없었던 상황을 표현하기 위해 사용되고 있다는 사실을 알 수 있다.

그래서 좋은 짤들이 나올 수 있는 환경을 만들려면 대중들이 현실 속에서 어떤 마음으로 살고 있는지 알아내야 한다. 또 말하고 싶어도 말할 수 없어서 누군가가 대신 외쳐주길 바라는 상황이 뭐가 있는지를 눈여겨봐야 한다.

앞서 언급했듯 짤이 퍼져나간다는 건 그 자체로 바이럴 마케팅이 되는 매우 이상적인 상황이다. 바이럴 마케팅에 성공한다는 건 인지도가 높아지는 걸 의미한다. 인지도가 올라간다는 건 곧 소비의 흐름을 잡아낼 수 있는 가능성이 커진다는 걸 의미한다. 그래서 수많은 콘텐츠와 상품들이 대중의 눈길을 한 번이라도 더 사로잡기 위해 최선을 다하고 있다.

어쩌면 해답은 무척 가까운 곳에 있다. 콘텐츠와 상품을 바라본 후, 대중들이 외치고 싶은 일상의 메시지가 무엇인지 듣는다면 확산을 위한 답은 자연스레 나올 것이다.

짤은 간결하지만 매력적인 트렌드다. 짤이 그 자체로 힘을 발휘하는 시대다. 대중들의 마음을 대변하는 간결하고 재미있는 짤을 만들 수 있는 콘텐츠는 크게 인기를 얻을 것이다. 짤의 매력을 명확하게 인지해 간결하지만 강력한 소통을 시도해 보길 바란다.

8장

·

덕업일치,

덕질이 인정받는 세상

어차피 덕질할 거
행복하게 덕질하자

달라진 시선과 함께 떠오른 덕후의 시대
⋮

필자는 어렸을 때부터 가수를 참 좋아했다. 하지만 그 당시만 해도 가수를 좋아한다 한들 할 수 있는 활동들이 무척 제한적이었다. 음반을 산다거나 혹은 가수의 사진이 담긴 책받침과 엽서를 샀다. 브로마이드를 사서 방에 붙여놨고, 가수가 나오는 프로그램들을 챙겨봤다. 공개방송에 찾아가 가수를 응원하는 팬들도 많았지만, 거기까지였다.

게다가 이렇게 가수를 좋아하는 행동 자체에 대한 사회의 인식도 다소 부정적이었다. 무언가를 좋아하는 행위에 대한 이해가 다소 부족한 시대가 아니었나 싶다. 하지만 트렌드가 바뀌면서 무언가를 좋아하거나 누군가를 좋아하는 것은 일명 '덕질'로 불리며 하나의 취미로 인정받기 시작했다.

덕질의 범위는 한계가 없다. 가수나 배우를 좋아할 수도, 특정 주제를 정해 수집이나 관심을 드러내는 방식으로 덕질을 할 수도 있다. 덕질을 제대로 하는 '덕후'들이 전문성을 인정받는 시대가 되었고, 방송 하나를 만들 정도로 열정적 지식을 자랑하는 덕후들도 많다. 그들은 좋아하는 마음 하나로 전문가가 된 사람들이다.

'최고로 애정하는'이라는 뜻을 지닌 '최애'라는 단어도 덕질에서 나왔고, '어차피 덕질할 거 행복하게 덕질하자'라는 뜻의 '어덕행덕' 이라는 신조어도 역시 덕질에서 나왔다. 덕질 자체가 대세인 것이다.

생각해 보면 덕질 하나쯤 안 해 본 사람은 아마 없을 것이다. 꼭 연예인을 좋아하는 게 아니라도 누구나 하고 있으면 행복해지는 취미가 하나쯤은 있을 것이다. 괜스레 더 많은 관심을 쏟아붓게 되는 주제 또한 하나쯤은 있을 것이다. 사실 이런 것들이 다 덕질의 일종이다.

이제 트렌드는 덕질을 즐기는 덕후를 원한다. 전문직을 뽑을 때 해당 업무에 관한 덕후를 원한다는 말이 나온다. 좋아해서 열중해 온 만큼 일반적인 사람과는 관심과 이해도의 차원이 다르다는 것이다. 이렇게 자신이 좋아하는 분야에서 일하게 되는 사람들은 일명 '성공한 덕후'로 불리며, 많은 사람들의 부러움을 사고 있다.

성공한 덕후의 사례는 곳곳에 많다. 〈워킹데드〉는 미국뿐만 아니라 우리나라에서도 많은 인기를 얻은 드라마다. 이 드라마의 소문난 덕후였던 제임스 프레이저와 에릭 노도프는 주인공을 만나기 위해 촬영장마다 찾아다니는 등 덕질을 했다. 그리고 이들은 자신들의 팬심을 블로그를 비롯해 각종 플랫폼에 공유하며 〈워킹데드〉 팬들의 지지를 얻었다. 지지를 기반으로 두 사람은 각종 활동들을 하게 되었다. 이벤트 회사를 창업해 드라마 주제에 어울리는 좀비 축제를 기획했고, 이 축제로 116억 원이 넘는 매출을 올리는 등 엄청난 성공을 거뒀다.

국내에서도 춤에 빠져 댄스 강사로 성공한 사람, 커피가 너무 좋아 커피대회 심사위원이 된 사람 등 성공한 덕후를 많이 찾아볼 수 있다.

이런 사회적 분위기는 각자 좋아하는 걸 즐기는 덕후들이 사회 전면으로 나서는 계기가 됐다. 게다가 앞서 잠깐 언급한 대로 한 분야에 깊게 빠져 있는 덕후들은 전문가 못지 않은 지식을 가진 경우가 많다. 개인을 존중하는 트렌드 속에서 그들의 노력과 열정을 인정하는 분위기가 만들어졌고, 덕후들은 자신의 노력을 인정받을 수 있는 환경에서 마음껏 덕질을 할 수 있게 됐다.

소비자가 아닌 생산자의 시각으로 보다

⋮

덕후들의 성공은 그들이 수동적인 형태의 소비자에서 벗어났다는 점에 주목해야 한다. 주로 생산자들이 만든 콘텐츠와 상품을 단순히 소비하는 게 과거 소비자의 역할이었다면 덕후들은 적극적인 마인드로 콘텐츠와 상품을 재해석하며 자신들만의 방법으로 다시 바라봤다. 콘텐츠와 상품을 가지고 뭘 할 수 있을지 생각했고, 본인들이 좋아하는 방식으로 한 번 더 발전시킬 수 있는 방법들을 찾았다. 생산자의

덕후들의 생활을 담아냈던 프로그램 〈능력자들〉(출처 : MBC)

위치에서 콘텐츠와 상품을 바라봤던 덕후들은 보통의 소비자보다 훨씬 더 적극적으로 움직이며 자신들의 존재감을 드러냈다.

이런 분위기 속에 다양한 덕후들의 모습을 담아낸 프로그램까지 등장해 화제를 모았다. 〈능력자들〉은 각자 다양한 관심사를 가진 덕후들을 소개하며 개별화된 관심사 그리고 개인의 취향을 존중하는 트렌드에 적합한 내용들을 방송으로 선보였다. 대중들은 사람들의 관심사가 참 다양하다는 걸 알게 되었고, 이제 트렌드는 각자의 취향을 존중하는 방향으로 나아가고 있다는 사실을 느낄 수 있었다. 이렇게 덕후는 트렌드의 중심에 서게 되었다.

덕후가 주목받는 이유

덕후를 존중하는 세상이 열렸다

⋮

1인칭 사회에서 언급을 했지만, 트렌드는 이제 모두 개인을 향하고 있다. 각자가 좋아하는 걸 존중하고, 각자 즐길 거리들을 챙길 수 있는 환경이 조성됐다. 덕후가 주목받는 이유가 바로 여기에 있다. 각자의 취향을 존중하는 트렌드가 열렸기 때문이다.

과거에는 개인의 취향 자체를 인정하지 못하는 경향이 많았다. 모두가 따라가는 지배적 취향과 다를 때에는 사회 부적응자로 보는 시선까지 있었다. 또 "쟤는 왜 그럴까?"라는 부정적인 말을 피하기 어려웠다. 실제로 과거에는 덕밍아웃(덕질을 하고 있음을 공개)하기가 무척 어려운 분위기였다. 남의 눈치도 봐야 했고, 민망함을 견뎌내야 했다. 손가락질 당할까 두려워 덕질을 하고 있음을 꽁꽁 숨기는 경우가 대부분이었다.

하지만 이제 트렌드가 개인의 취향을 존중하고 있다 보니 덕밍아 웃이 무척 쉬워졌다. 숨어서 덕질하는 시대가 끝난 것이다. 상대의 취향을 존중하고, 다양한 취향을 통해 각자의 삶을 즐기는 걸 어색하게 생각하지 않는다.

워라밸 시대의 개막도 덕후들에게는 좋은 환경이 되었다. 일과 삶의 균형을 존중하는 사회적 분위기가 조성되면서 여가시간을 활용해 좋아하는 걸 다양하게 즐기는 덕질이 더욱 주목받고 있다. 가장 좋아하는 걸 열정적으로 즐기는 덕질은 워라밸의 상징처럼 여겨지고 있는 상황이다. 덕질을 하지 않았던 사람도 여가시간을 이용해 의미 있는 덕질을 즐기게 되며 덕질은 하나의 문화 코드가 되었다.

충성도 높은 소비층, 덕후가 돈이 되는 시대
⋮

트렌드에서 각자의 취향을 즐기는 행위는 곧 경제적인 효과를 의미한다. 확실한 취향은 그만큼 확실한 구매로 이어질 가능성이 높기 때문이다. 코스프레와 덕후로 상징되는 게임산업은 덕후가 많다고 평가받는 분야다. 게임산업은 우리나라의 전체 콘텐츠 수출 규모에서 절반 이상을 차지하는 대형 산업이다. 덕후가 많은 만큼, 충성도 있는 소비층이 탄탄히 자리하고 있기 때문이다. 특정 게임에 충성도를 가지고 있는 덕후들은 부가콘텐츠를 위해 아낌없이 돈을 소비한다. 좀 더 재미있게 즐기기 위한 아이템 구매, 일명 현질(온라인 게임에서 유료 아이템을 사는 일)을 망설이지 않는다.

K뷰티 박람회 현장(출처 : K뷰티 엑스포 홈페이지)

중국 시장을 중심으로 돌풍을 일으키고 있는 뷰티산업에서는 코스
메틱 덕후를 뜻하는 '코덕'을 양산하며, 많은 크리에이터들이 콘텐츠
를 늘리고 있는 중이다. 중국 코덕들은 이미 걸어다니는 기업이라는
평가를 받으며 큰 수익을 올리고 있다. 메이크업을 주로 다루는 국내
코덕 크리에이터들도 광고시장까지 진출하며 활약하고 있다. 코덕들
은 자신이 관심 있는 제품군 또는 브랜드의 신상품이 나오면 반드시
사용해 본다. 자신이 좋아하는 코스메틱 제품을 위해 아낌없이 돈을
투자한다. 이들은 각종 세일기간을 체크해 가며 장바구니를 꽉꽉 채
운다. 이런 덕후들의 활약 덕분인지 우리나라의 뷰티산업은 K뷰티
신드롬을 일으키며 산업의 중심으로 떠오르고 있다.

덕후들의 중심지라 할 수 있는 엔터테인먼트 산업은 설명이 따로 필요없을 것 같다. 엄청난 구매력을 지닌 연예인 덕후들은 그들을 위해 기꺼이 돈을 쓴다. 실제로 정상급 아이돌 팬층을 중심으로 한 각종 마케팅은 언제나 큰 수익으로 이어지고 있다.

덕후들의 구매력은 일반 사람들보다 훨씬 높다. 단순히 한 가지 제품을 구매하는 게 아니라 관련된 상품 모두를 구매하는 경우가 많다 보니 업계에서 덕후는 그야말로 VIP다. 이런 분위기가 덕후들을 주목받게 하는 또 다른 이유 중 하나라고 할 수 있다.

특정 상품에 대한 충성도 역시 높다. '믿고 사는' 사람들이 대부분 덕후라는 것이다. 아이돌 그룹의 기획사는 덕후들을 위해 각종 MD 상품들을 내놓는다. 출시되자 마자 날개 돋힌 듯 팔려나가는 건 우연이 아니다. 또한 아이돌 멤버가 특정 상품의 광고에 등장하면, 그 상품의 매출도 상승곡선을 그린다. 자신들이 좋아하는 아이돌이 그만큼 확실한 흥행 파워를 지니고 있다는 걸 증명해 주고 싶은 덕후들의 마음이 집중되는 탓이다.

덕후들은 일반 대중들보다 훨씬 빨리 반응하며, 자신의 행복을 위한 소비이기 때문에 망설임 또한 적다. 산업계 전반에서 덕후의 존재감을 주목할 수밖에 없는 건, 그들의 움직임이 곧 수익으로 이어지고 있기 때문이다.

덕후들의 마음을 사로잡는 법,
팬마케팅

팬마케팅의 등장

⋮

이렇게 덕후들이 수익 측면에서 강력한 힘을 발휘하면서, 이들을 관리해야 한다는 생각들이 퍼져나가게 됐다. 그래서 등장한 게 '팬마케팅'이다.

원래 팬마케팅은 아이돌 그룹을 보유한 기획사에서 처음 나오게 된 개념이다. 충성도 높은 덕후인 팬들을 관리해 지속적으로 소통하고, 이탈하지 않게 만드는 것을 총괄하는 업무를 팬마케팅이라고 지칭하면서 등장했다. 그들에게 덕후는 곧 수익을 좌우하는 존재이고, 아이돌 그룹이 계속 활동할 수 있게 만드는 원동력이다. 그러다 보니 덕후들이 지지를 이어갈 수 있게끔 마음을 붙들어 놓는 게 반드시 필요했다.

팬마케팅 개념이 없었을 당시에는 무척 단순한 형태로 소통이 이뤄졌다. 가장 기본이라 할 수 있는 팬미팅을 기획하거나 팬카페에 소식을 전하는 정도가 전부였다. 그래서 소위 탈덕(덕질을 그만두는 것)하는 인원들이 많았다. 오르락내리락하는 지지율을 감당하기 어려운 부분도 있었다.

그래서 아이돌 기획사들은 팬마케팅이라는 개념을 단단히 만들어 등장시키며 덕후들을 관리하기 시작했다. 팬마케팅이 활성화된 지금은 수준 자체가 달라졌다. 덕후인 팬들이 좋아하는 아이돌을 만날 수 있는 기회를 계속 늘리고, 팬들의 의견을 수렴해 앨범 기획에 반영하기도 한다. 필요하다면 역조공의 형태로 먹거리를 대접하고, 팬들의 고충을 직접 들어주며 따뜻한 조언을 건네기도 한다. '밀착형 소통'이 이뤄지고 있는 것이다.

이와 함께 마케팅 계획의 범위도 과거와 달라지고 있다. 과거에는 일반 소비자와 덕후를 함께 놓고 마케팅 계획을 세웠지만, 최근에는 덕후들로 한정하는 기획과 마케팅이 증가하고 있다. 덕후는 곧 매출을 좌우하는 존재이기 때문이다. 덕후들의 규모에 따라 공연과 MD 상품 등 부가매출의 폭도 바뀌고 있다.

그래서 팬마케팅의 범위는 갈수록 늘어나고 있다. 과거에는 팬미팅이나 팬카페 관리 등 한정적인 업무에만 팬마케팅이 적용되었지만, 지금은 SNS 관리와 의견 수렴, 직접적인 소통, 새 앨범이나 콘셉트에 대한 덕후들의 반응 수집 등 다양한 업무를 한다. 또 각종 플랫폼을 통해 덕후들의 이야기를 듣고 반영하는 작업도 활발하게 벌이고 있다.

덕후 마케팅, 산업계로 확산되다

⋮

중요한 건, 매출에서 덕후들이 차지하는 비중이 점점 높아지면서 팬 마케팅의 개념이 아이돌 기획사를 넘어 산업계 전반으로 확대되고 있다는 것이다. 삼성전자는 갤럭시S9을 출시하면서 미디어 행사를 과감하게 생략하고, 갤럭시 제품 덕후들만을 위한 팬 파티를 개최했다. 이 팬 파티는 업계에서 '덕후 마케팅'을 선언한 첫 사례라고 봐도 무방하다.

삼성전자가 신모델을 출시할 때마다 진행했던 미디어 행사를 생략하고, 덕후 마케팅을 통해 충성도 높은 덕후들을 상대하겠다는 의지를 피력한 건 무척 주목할 만한 일이었다. 덕후들의 마음을 자극해서였는지 당일 팬 파티는 SNS에 폭발적인 인증샷을 불러냈고, 각종 인

오직 갤럭시 덕후들을 위해 기획된 갤럭시 팬 파티(출처 : 삼성전자)

터랙션이 발생하며 성공적인 마케팅으로 인정받았다. 미디어를 통한 확산이 아니라, 덕후들을 통한 유기적인 이슈 창출이 충분히 가능하다는 걸 증명해 낸 것이다.

덕후들의 성지라 할 수 있는 레고도 팬마케팅에 열을 올리고 있다. 레고는 워낙 창의력이 무한대로 발휘될 수 있는 강점을 가지고 있어 커뮤니티형 소통이 많았다. 똑같은 부품을 가지고도 다른 결과물을 만들어 낼 수 있는 게 큰 매력이기도 하다. 이런 강점을 살려 레고는 덕후들의 아이디어와 넘치는 창의력을 자신들의 웹사이트에 올릴 수 있도록 했다. 이런 콘텐츠들을 덕후들과 함께 평가해 제품에 반영하자 덕후들은 더욱 상상력에 불을 붙이게 되었다. 레고 회사 역시 생각하지 못했던 아이디어들을 통해 다양한 방향성으로 발전시킬 수 있는 기회를 얻게 된 것이다.

이뿐만 아니라 레고는 많은 덕후들이 각자 자발적으로 모임을 만들어 활동하고 있고, 이 모임의 범위는 새로운 플랫폼의 시대가 열리며 지역적인 한계를 넘어 전 세계로 뻗어 나가고 있다. 모임 안에서 덕후들은 영상 등 다양한 매체를 통해 자신들이 기획한 새로운 작품과 만드는 방법들을 서로 공유하며 하나의 놀이로 즐기고 있다. 자발적인 바이럴 마케터 역할까지 수행하면서 말이다.

덕후들의 충성도를 활용하라, 팬덤의 경제학

팬덤 경제를 움직이는 덕후들의 강력한 존재감

덕후들이 주목받는 환경에서 덕후들에 의한 '팬덤 경제'는 이제 모든 기업에게 핵심적인 가치로 등장했다. 여기서 팬덤이란 특정 주제를 열정적으로 좋아하는 덕후들을 말하며, 덕후들은 일단 충성도가 강하다 보니 제품을 출시하면 그만큼 구매할 확률이 높은 집단이다. 큰 문제가 없는 한 이탈 가능성도 낮다. 또한 자발적으로 바이럴 마케터의 역할을 수행한다. 자신들이 너무 좋아하는 만큼 다른 사람들에게 전하고 싶어해 자연스럽게 입소문의 진원지가 된다. 따라서 콘텐츠 생산자와 기업들은 이제 이들에 대한 시선을 전환하는 움직임에 함께해야 한다.

덕후는 단순한 소비자가 아니다. 덕후들은 그야말로 적극적인 지지를 표명하는 '팬'이다. 따라서 수동적으로 소비하고 구매하는 소비자가 아니라 함께 활동하는 팬의 관점에서 덕후들을 바라봐야 한다. 그래야 마케팅에 대한 새로운 전략을 짤 수 있다.

공급자와 소비자, 관계의 대전환
⋮

기존 공급자와 소비자의 권력관계는 상하관계가 강했다. 하지만 이제는 평등한 관계이자 모든 과정을 함께하는 동반자의 관계로 봐야 한다.* 이는 덕후들의 강력한 존재감이 있었기에 가능하다.

홍보방식도 패러다임 자체를 바꿀 필요가 있다. 과거 홍보방식은 미디어가 중심이었다. 매스미디어에 광고를 내면 소비자들은 광고를 통해 콘텐츠나 상품을 보고 소비하는 과정을 거쳤다.

하지만 덕후들의 세상에서는 덕후를 먼저 생각하는 홍보가 필요하다. 그들은 상품과 콘텐츠를 가장 먼저 접하고 소비하며 입소문까지 내줄 수 있는 사람들이다. 미디어 중심의 광고도 필요하지만, 그보다 먼저 덕후들의 마음을 헤아릴 수 있어야 광고 효과를 최대치로 끌어올릴 수 있다. 이게 바로 팬덤 경제다. 덕후들의 존재감을 인정하고 그들을 중심에 놓으며 함께 움직이고 소비의 흐름을 그들에게 먼저 제안한다. 이게 바로 요즘의 소비방식이며 소통방식이다.

이런 흐름을 반영하듯 팬덤의 움직임을 빅데이터로 분석하는 팬덤 연구소가 생겼다. 팬덤 문화를 이끄는 덕후들의 움직임이 중요하기

---

* 《필립 코틀러의 마켓 4.0》, 필립 코틀러, 허마원 카타자야, 이완 세티아완 저, 이진원 역, 더퀘스트, 2017

팬덤을 빅데이트를 통해 연구
하는 팬덤 연구소가 생겼다(출
처 : 스페이스오디티)

때문에 하나의 문화적 소비행태로 인식하고 존중하겠다는 의도가 담
겼다. 이 연구소는 데이터를 바탕으로 팬덤이 만들어지는 과정을 인
문학적 관점에서 연구할 계획이라고 선언했다.

　이제 덕후들의 움직임 자체가 소비가 되고, 연구해야만 하는 데이
터가 됐다. 그만큼 덕후들이 경제적으로 가지는 의미, '팬덤 경제'의
중요성은 앞으로 더욱 커질 것이다.

덕후의 1인 4역,
새로운 브랜딩을 향해 나아가라

덕후들이 콘텐츠와 브랜드를 움직인다

요즘의 소비트렌드에서 덕후는 1인 다역을 수행한다. 덕후는 기본적으로 소비자이기도 하지만, 어떤 면에서는 생산자이기도 하다. 콘텐츠나 상품에 대한 이야기들을 만들어 내는 역할을 하기 때문이다. 또 콘텐츠나 상품의 스토리를 옮기고 전파하며 마케터의 역할을 수행한다. 그리고 최종적으로는 콘텐츠나 상품을 소비하고 이에 대한 의견을 표출하며 기획자의 역할을 하기도 한다. 그야말로 1인 4역이다. 그만큼 중요한 존재다. 그래서 일반 소비자들보다 더 중요한 존재감을 인정받고 있고, 홍보의 중심도 덕후로 옮겨가고 있다.

　덕후가 필요한 이유는 '반복구매'이다. 상품뿐만 아니라 콘텐츠를 다시 찾는 행위도 '구매'로 정의해 보자. 음악을 또 들어도, 영화를 또 봐도 그만큼 가치를 지불해야 하니 말이다. 아이돌 덕후는 앨범이 나올 때마다 음악을 듣고 무대를 찾으며 앨범을 구매한다. 또한 다른 주제의 덕후들도 자신이 좋아하는 콘텐츠나 상품이 나오면 반복구매에 나선다. 반복구매가 가능한 덕후는 매출에 있어서 가장 안정적인 기반을 제공하는 존재다.

기업과 콘텐츠 제작자의 가장 큰 목적은 당연히 판매다. 그래서 콘텐츠와 상품의 판매를 위해 각종 이벤트를 벌이며 시선을 집중시키고, 또 광고를 통해 반복노출을 하며 구매욕구가 들도록 상황을 만든다. 하지만 최근의 트렌드는 각자의 관심사에 따라 움직이는 추세다. 이벤트도 본인이 좋아하는 주제가 아니면 관심이 떨어지고 반복노출도 피로감을 느끼는 경우가 많다. 구매를 유도하기 위한 홍보가 오히려 역효과를 내게 된 것이다.

하지만 덕후들은 다르다. 기존의 방식대로 노출시키지 않아도 상품이나 콘텐츠가 나올 때마다 알아서 구매에 나서는 경우가 대부분으로, 기업과 콘텐츠 제작자들에게는 '고정구매층'이 된다. 또한 상품과 콘텐츠를 경험한 후 마음에 들면 앞서 언급한 대로 직접 바이럴에 나선다. 따라서 고정구매층인 덕후들을 바탕으로 기본적인 계획을 세우고, 이후 일반 대중들에게 어필할 수 있는 마케팅 플랜을 만들면 되는 것이다.

덕후를 브랜딩의 범주에 포함시켜라
⋮
콘텐츠 제작자들과 기업은 이제 덕후의 존재를 완벽히 받아들이고 브랜딩화 할 수 있는 방향으로 나가야 한다. 덕후들과 각종 플랫폼에서 소통하고 대화하며 제작자와 덕후 사이에서 일정한 브랜딩을 완성해야 한다. 여기서 말하는 브랜딩은 규칙적으로 만들어 갈 수 있는 어떤 상황을 의미한다.

덕후들은 좋아하는 주제가 모두 다르기 때문에 각각의 상황에 맞는 움직임이 필요하다. 브랜딩의 확장이 필요한 것이다. 기존의 브랜딩은 기업이 자신들만의 정체성을 기반으로 이미지를 만들어 나가는 작업을 의미했다. 지극히 기업에 초점이 맞춰져 있었으며, 소비자는 부수적인 존재에 불과했다. 하지만 우리가 말하고자 하는 덕후는 단순한 소비자가 아니다. 다양한 역할을 수행하며 기업의 마케팅에 큰 역할을 하는 존재다. 따라서 덕후를 브랜딩의 범주에 포함시켜야 한다. 각자의 소통구조로 독특한 퍼스널리티를 형성해 계속 이어질 수 있게 만들어야 하는 것이다.

LG전자는 IT 덕후였던 걸그룹 출신 지숙을 모델로 발탁하며 화제를 모았다. 지숙은 LG전자 덕후는 아니었지만 평소 게임이나 IT 제품에 대해 해박한 지식을 가지고 SNS를 통해 팬들과 덕질을 이어가고 있었다. 팬들 사이에서도 인정받는 덕후였던 그녀를 LG전자에서 IT 관련 페스티벌 행사에 모델로 선정한 것이다. LG전자의 이런 행보는 모델 발탁에 있어서 인정받는 덕후와 브랜드가 손을 잡았다는 점에서 새로운 브랜딩으로 볼 수 있다.

기존의 소통구조는 일방적으로 모델을 정한 후 발탁해 미디어를 통해 대중에게 알리는 게 보통이었다. 하지만 지숙의 경우는 모두가 인정하고 있는 덕후를 모델로 발탁한 행위다. 모델 선정 전에 이미

덕질은 모델 발탁으로도 이어진다(출처 : 김
지숙 트위터)

어느 정도 '그럴 수 있겠다'는 동의
를 확보했다는 점에서 색다른 브랜
딩이었다.

색다른 브랜딩은 물론 처음에는
생경함을 동반한다. '대체 왜?'라는
의문도 나올 수 있다. 하지만 덕후
는 그만한 전문성을 가지고 있어서
대중들에게 동의를 얻기도 쉽다. 다
만 이때 단순히 덕후들과 콜라보레
이션을 펼치는 게 아니라 함께 나아
간다는 의미를 가지고 브랜딩을 펼
쳐야 한다. 이런 방식으로 소통하는
기업의 이미지를 만들어 나가는 게 지금의 트렌드가 요구하는 사항
이다.

'휴덕(덕질을 잠깐 쉬는 것)은 있지만 탈덕은 없다'는 말이 있다. 그만
큼 열렬한 지지를 보내는 사람들을 꽉 붙잡아야 한다. 지금의 트렌드
는 덕후를 원한다. 덕후는 열렬한 지지를 보낼 수 있는 가장 뜨거운
팬이다. 그런 덕후들과 함께 발걸음을 내딛어야 하는 건 콘텐츠 제작
자와 기업들이다. 그들과 소통하며 만들어 가는 새로운 소통구조가
곧 수익으로 연결된다는 사실을 이제 능동적으로 받아들여야 한다.

·

9장

감성마케팅,

새로운 이미지를 창출하다

감성에 호소하는
감성마케팅의 시대

감성, 마케팅의 트렌드를 바꾸다
⋮

감성이라는 말이 새롭게 정의되는 시대다. 트렌드는 감성이라는 말을 새롭게 바꿔놨다. 보통 우리가 알고 있는 감성이란 사람의 감정에 호소하는 느낌을 의미한다. 슬픈 감정, 기쁜 감정 또는 일상에서 오는 여러 감동의 순간들이 모두 감성의 범위에 들어간다. 이때 감성적인 사람이란 눈물을 흘리며 감동할 줄 아는 사람을 말하는 게 아니라 모든 감정들에 적극적으로 공감할 줄 아는 사람이다. 그게 우리가 흔히 알고 있는 감성적인 사람의 정의다.

그런데 지금의 트렌드는 감성이라는 단어 자체를 기존에 알고 있는 것에 조금 다른 뜻을 더해 '사람들의 정서를 겨냥해 새로운 이미지를 창출해 소통하는 방식'으로 정의한다. 그리고 감성을 통해 이미지를 만들어 소통하며 구매를 유도하는 활동이 바로 감성마케팅이다.

　감성마케팅에서 다루는 사람들의 정서는 딱히 한 가지로 정의되지 않는다. 여기에는 사람들이 느낄 수 있는 모든 감정의 범위가 다 포함된다. 즉, 사람이 느끼는 각종 감정들을 이용해 이미지를 창출한 후 구매까지 이어지게 하는 일련의 과정을 '감성마케팅'이라고 정의하면 될 것이다.

　음악 유통채널인 〈1theK〉는 사례자의 감정에 공감하며 가수가 노래를 불러주는 '공감라이브'를 통해 큰 호응을 얻었다. 특히 이별한 사례자가 이별 노래를 듣고 오열하는 장면은 많은 대중들의 공감을 샀다. 다소 극단적이라는 비판적 시선도 있었지만 사례자뿐만 아니라 보고 있는 대중들까지 같은 감성의 범위를 느끼게 하는 기획은 음악에서 보여줄 수 있는 훌륭한 감성마케팅이었다. 실제로 많은 댓글과 조회수를 기록하며 많은 공감을 이끌어 냈다.

사례자의 감정에 공감하며 노래를 불러준 공감라이브(출처 : 1theK)

이 기획의 의도는 무척 명확하다. 대중들이 가장 슬프게 느끼는 감정을 전면으로 내세우고, 음악을 통해 감정을 최고조로 끌어올린다. 이걸 보고 있는 대중들도 한 번쯤은 느껴봤을 슬픔에 공감한다. 이후 같이 울적해 하고 있는 자신을 발견하며, 자신의 감정을 최대치로 끌어올린 노래가 무엇인지 궁금해 하게 된다. 그리고 음원 사이트를 찾아가 해당 음원을 찾아 들으며 한 번 더 감성에 젖어든다.

대중들의 정서를 겨냥한 감성코드 공략이 공감을 넘어 음원 청취라는 소비적 행위를 할 것이라 기대하고 움직이는 기획이다. 전형적인 감성마케팅이라고 할 수 있다.

스타벅스의 감성마케팅
⋮

스타벅스는 감성마케팅의 시작과 끝이라고 할 정도로 소비트렌드가 원하는 감성마케팅을 잘 구현해 내는 곳이다. 일명 5P(Product(제품), Place(장소), Price(가격), Promotion(홍보), People(사람))라는 개념을 모두 섞어서 브랜드만의 감성을 만들어 낸 사례로 유명하다.

일단 스타벅스는 트렌드에 매우 민감하게 반응하며 변화하는 대중들의 키워드를 잘 읽어냈다. 1인칭 중심 환경이 지속적으로 각광받고 있다는 사실도 빨리 깨달았다. 각자의 취향이 있기 때문에 어느 한 가지로는 사람들을 불러모을 수 없다는 사실 또한 정확히 인지하고 있었다.

변화하고 있는 세상을 향한 지식을 하나씩 적용하며 환경을 변화

감성마케팅의 시작과 끝, 스타벅스(출처 : 스타벅스코리아)

시키던 스타벅스는 이를 모두 모아 '감성'을 만들어 낸다. 일단 스타
벅스는 1인칭 사회에 대한 반영으로 각자 하고 싶은 걸 하며 편하게
있을 수 있는 공간이 필요하다는 사실을 인지했다. 그래서 공간 인테
리어를 통해 스타벅스를 생각하면 떠오르는 감성을 만들어 내며 소
비트렌드에 맞는 전략을 완성시켰다. 그렇게 대화, 공부, 독서 등 다
양하게 하고 싶은 걸 할 수 있는 공간을 만들기 위해 매장 환경을 바
꾸어 나갔다.

여기에 각자 취향이 세분화되고 있다는 점에 감안해 커스텀 메뉴
를 만들어 대중들의 요구를 만족시켰다. 스타벅스는 이제 음료를 마
시러 가는 게 아니라 '스타벅스 자체를 소비하러 간다'는 말이 나올
정도로 모든 요소가 하나의 감성을 형성했다.

대중들의 마음을 공략해 자신만의 독특한 감성을 형성한 후 이미지를 만들고 매출을 끌어올리는 스타벅스는 아주 적절한 감성마케팅의 사례라고 볼 수 있다.

코카콜라의 감성마케팅

⋮

글로벌 기업의 대표격이라 할 수 있는 코카콜라 역시 감동적인 감성마케팅을 선보이며 시선을 모았다. 코카콜라의 감성마케팅은 아랍에미리트에서 시작되었다. 두바이는 환경적으로 외국인 노동자가 많은 곳이다. 타지에 떨어져 있는 외국인 노동자들은 고향과 가족들을 그리워하지만 국제전화요금의 부담 때문에 보고 싶을 때마다 연락하기가 어렵다. 이런 노동자들을 위해 코카콜라는 'Hello Happiness'

글로벌 기업, 코카콜라의 감동적인 감성마케팅(출처 : 코카콜라)

Part 2
인싸의 완성, 요즘 대세는 무엇에 소비하는가?

라는 이름의 공중전화를 설치했다. 전화를 하기 위해 필요한 비용은 콜라 병뚜껑 1개였고, 병뚜껑 1개로 3분 동안 가족과 통화를 할 수 있었다. 외국인 노동자들은 가족이 그리울 때 국제전화요금을 걱정할 필요 없이 코카콜라 1병을 마시면 가족들의 목소리를 들을 수 있었다.

그들에게 코카콜라 1병은 모든 시름을 잊게 만들어 주는 행복 그 자체였다. 코카콜라는 이 감성마케팅을 통해 대중들에게 잔잔한 감동을 선사했고, 감성 속에서 기업의 이미지는 또 한 번 긍정적인 방향으로 움직일 수 있었다.

감성마케팅이
중요해진 이유

수익을 부르는 건 믿음이다

⋮

'돈을 부르는 건 믿음이다'라는 말을 하고 싶었다. 생각해 보자. 믿어
야 산다. 믿어야 돈을 쓰고, 믿어야 더 사고 싶어진다. 과거에는 콘텐
츠가 좋고, 물건이 좋은 게 믿음의 시작이었다. 즐길 만한 콘텐츠라
면 기분 좋게 가치를 인정하고 비용을 지불한다. 물건이 좋다면 사서
쓰고 타인에게 추천까지 해줬다. 그게 가장 일반적인 믿음의 방식이
었다. 실제로 많은 콘텐츠와 상품이 이런 방식으로 성과를 냈다.

하지만 시대가 변했다. 지금의 트렌드는 다원화다. 수많은 플랫폼
과 콘텐츠 그리고 상품이 경합하는 환경 속에서 단순히 '좋다'라는
말만으로는 믿음을 주기 어려워졌다. 게다가 사람들의 다양한 관심
사가 모두 인정받아야 하는 지금, 한 가지 장점만으로는 어필하는 것
조차 어려워졌다.

또 1인칭인 '나'를 중심에 둔 지금의 트렌드에서는 군중심리에 따른 소비도 많이 줄었다. 내가 좋고 내가 마음에 들어야 소비에 나선다. 여러모로 시장의 상황이 무척 복잡해진 것이다.

그래서 감성마케팅이 전면에 나왔다. 감성에 호소하고 좋은 이미지를 보여주며 소비하게 만드는 방식이 옳다고 판단된 것이다. 이유는 단순하다. 좋다는 말 대신, 사고의 구조에 영향을 줄 수 있는 감성을 심어놔야 계속 기억에 남을 것이기 때문이다.

1인칭 중심사회의 대중들은 강압적인 걸 싫어한다. 아무리 좋다고 말을 해도 귀기울이지 않는다. 생산자가 말하는 '좋다'는 표현은 그들의 생각이며 주입식 광고이기 때문이다. 상황이 이렇다 보니 최대한 자연스럽고 강압적이지 않은 전달방식이 필요했다. 그래서 감성마케팅이 트렌드를 이끄는 방식으로 떠오른 것이다.

앞서 본 스타벅스와 코카콜라의 사례에서 억지로 주입하려는 시도는 전혀 없다. 자연스럽게 환경을 만들고 보여주고 들려주며 대중들을 설득했다. 감성에 자연스레 호소하며 말하고 싶었던 내용을 전달했다. 거부감을 최소화하며 머릿속을 파고드는 데 성공할 수 있었던 이유가 바로 여기에 있다.

대중들은 더이상 콘텐츠와 상품, 그 자체를 사지 않는다. 이제는 콘텐츠와 상품이 가지고 있는 감성과 전반적인 이미지를 구매한다. 대중들은 이미지를 사는 행위를 통해 자신이 그 이미지 안에서 뛰어놀고 있다는 생각을 하게 된다. 콘텐츠와 상품이 내세운 감성에 동화되면서 의미 있는 소비를 했다고 느낀다. 이런 의미가 지속적으로 더해질 때 신뢰관계를 형성하게 되는 것이다. 그리고 이런 신뢰는 다음 콘텐츠와 상품이 나왔을 때도 관심을 가질 수 있는 가능성을 만들게 되고, 단순한 대중이 아닌 '덕후'로의 전환을 이끄는 의미 있는 행위가 된다.

지금의 소비트렌드 안에서 돈을 부르는 센스는 목이 터져라 콘텐츠와 제품이 좋다고 외치는 게 아니라 감성을 통해 믿음을 주는 일이다. 감성의 구조 안에서 생산자와 소비자 모두가 한 곳을 바라보며 같은 생각을 하게 해야 한다. 같은 생각을 한다는 건 한 배를 탔다는 걸 의미한다. 그렇게 만들어진 끈끈한 관계는 쉽게 깨지지 않는다.

감성마케팅의 대세, 오디션 프로그램
⋮

오디션 프로그램 출신 그룹들이 왜 바로 스타덤에 올랐을까 생각해 보자. 인지도가 높아서? 투표를 할 때부터 이미 팬들이 정해져 있어서? 다 맞는 말이다. 오디션 프로그램 출신들은 그냥 데뷔하는 아이돌 그룹들보다 인지도 면에서 우위에 있다. 따로 홍보를 하지 않아도 이미 많은 언론과 대중에게 노출되어 있다. 시작부터 탄탄한 지원을 받는다고 볼 수 있다.

하지만 많은 사람들이 마지막 한 조각을 놓친다. 바로 감성이다. 대부분의 아이돌 그룹은 완성된 모습으로 데뷔를 한다. 그들이 얼마나 많은 노력을 기울여 데뷔했는지, 무대에 오르기 위해 얼마나 격렬한 안무와 노래를 연습하며 준비했는지 정확히는 알지 못한다. 그저 어렴풋이 '많이 노력했겠구나'라는 생각을 할 뿐이지 감정적으로 같

오디션 프로그램 출신으로 큰 인기를 모았던 아이오아이(출처 : YMC엔터테인먼트)

은 공간 안에서 공감하진 못한다. 무대 위에 오른 화려한 모습만을 보기 때문이다.

그런데 오디션 프로그램은 다르다. 대중들은 오디션 프로그램을 통해 경연을 준비하기 위해 노력하는 모습, 상황에 따라 기뻐하고 좌절하는 모습을 본다. 그리고 일상에서의 친근한 모습까지 접하며 아이돌 그룹에 대한 모든 면모를 속속들이 관찰하게 된다. 투표율이 매번 역대급 수치를 기록하는 건 이런 과정을 지켜보며 감성적으로 움직이는 사람들이 그만큼 많기 때문이다.

그래서 오디션 프로그램은 전 과정이 감성마케팅이라고 볼 수 있다. 함께 울고 웃으며 만들어진 이미지가 있고, 그 이미지를 바탕으로 아이돌 그룹의 이야기를 소비한다. 단순히 그들의 음악과 무대를 보는 게 아니라 다양한 감성이 버무려진 이미지를 소비하며 지지하는 마음을 표출하는 것이다.

오디션 프로그램의 형태는 조금씩 바뀌지만 트렌드에서 늘 중심에 자리하고 있다. 요즘 트렌드에 맞는 포맷이기 때문이다. 많은 대중들은 그때그때 오디션이라는 이름으로 프로그램을 대하지만, 결국 거대한 감성마케팅을 보고 있는 것이다.

감성만 담으면
외면 당한다

감성마케팅을 가로막는 것들

⋮

트렌드 자체가 감성마케팅을 원하다 보니 감성에 대한 오해도 생긴다. 그래서 실패한 감성마케팅의 사례들도 많이 쏟아져 나오고 있다.*

우리가 조심해야 할 감성에 대한 잘못된 판단은 감성만 담으면 통할 거라는 생각이다. 감성 자체는 인간의 감정이고, 인간의 감정에 호소하면 뭐든 잘될 거라고 보는 것이다. 물론 지금처럼 관심사가 세분화된 상황에서는 그나마 가장 공통적으로 느끼고 위험도 덜한 게 감성에 호소하는 거라고 생각할 수 있다.

그러나 콘텐츠와 제품에 어울리지 않는 감성은 큰 의미가 없다.

* LG주간경제, 2004. 7. 14.

즉, 감성마케팅을 벌이더라도 콘텐츠와 제품에 가장 들어맞는 감성이 무엇인지 먼저 고민해야 하는 것이다. 앞서 필자는 감성마케팅이란 다양한 감정들을 바탕으로 새로운 이미지를 만들어 내는 것이라고 했다. 이때 새로운 이미지는 당연히 대중과의 소통을 통해 형성되어야 하며, 무엇보다 모두가 고개를 끄덕일 만큼 공감대가 만들어져야 한다. 어울리지 않는 감성은 공감을 끌어낼 수 없고, 공감이 없으면 만들어질 수 있는 이미지도 제한적이다.

지금의 트렌드는 상호작용을 원한다. 영원한 공급자도, 영원한 소비자도 없다. 두 주체는 영향력을 주고받으며 함께 나아가는 존재가 되었다. 트렌드는 이런 상황을 반영해 역동적으로 움직이며, 어울리지 않는 감성은 상호작용을 불러일으킬 수 없다.

공급자만 공감하는 일방적인 감성이 지속되면 대중들은 물음표만 가득하다. 결국 콘텐츠와 제품에서 아예 분리되어 나가는 격리현상이 발생한다. 감성은 소통의 도구다. 뭐든 담아내면 잘될 거라는 생각에서 벗어나 대중이 기대하는 감성이 무엇인지 알아야 한다. 또 대중들이 콘텐츠와 제품에 대해 기대하는 이미지가 무엇인지 먼저 생각한 후에 감성 행보로 나아가야 한다.

기본에 충실하지 못하게 되는 점도 문제다. 콘텐츠와 제품의 기본은 무엇인가? 당연히 완성도다. 그런데 완성도가 떨어지는 상태에서 감성부터 찾으려는 주객이 전도된 시도들이 자주 발생하고 있다.

가장 대표적인 사례가 쏟아져 나오는 아이돌 그룹 중 실패하는 팀들이다. 콘셉트나 음악 등 기본적인 요소들을 탄탄하게 쌓은 후 대중들과 나눌 수 있는 감성을 생각하는 건 당연한 일이다. 하지만 기초적인 실력도 부족한 상태에서 무조건 감성을 외친다. 그들의 감성은 새로울 게 없다. 열심히 했으니 도와달라 또는 지켜봐 달라는 연민의 감성에 호소하는 게 대부분이다. 열심히 준비했다는 말이 나오려면 그만큼의 콘텐츠가 있어야 하지만, 매일 같이 쏟아져 나오는 아이돌 그룹들은 그러지 못한 게 사실이다. 해외의 전문가들도 이 부분을 가장 우려하며, 케이팝의 발전을 저해하는 가장 큰 위험요소로 보고 있다.

감성을 만들기에 앞서 생각해야 할 건, 감성을 이야기할 수 있을 정도로 든든한 콘텐츠와 제품이 있는지의 여부다. 콘텐츠 제작자와 기업은 누구나 수익을 내고 싶어 한다. 수익이 발생하지 못하는 콘텐츠와 제품은 큰 의미가 없다. 이때 대중들의 지갑을 열게 만드는 건 완성도에서부터 유기적으로 이어지는 감성마케팅이다. 가장 기본적인 부분을 챙기지 못한다면 감성마케팅은 의미가 없어진다.

이성을 결합한 감성마케팅이 성공한다

⋮

감성의 반대말은 이성이다. 이성은 감성보다 좀 더 체계적인 면이 많다. 그래서 역설적이지만 감성마케팅은 그 무엇보다 더 이성적인 부분을 챙겨야 한다. 그만큼 체계적으로 이뤄져야 하기 때문이다.

감성마케팅이 공급자와 대중에게 감성적인 이미지와 기회를 제공하는 건 사실이다. 하지만 그 자체로 모든 답을 제공하진 않는다. 감성이 무조건적인 소통을 가져오지도 않고, 절대적인 매출 상승을 가져오지도 않는다.

그래서 감성마케팅은 무엇보다도 이성적인 마음으로 체계적인 준비와 분석을 할 필요가 있다. 대중이 무엇을 원하는지, 공급자에게 어떤 이야기를 하고 싶어 하는지 고민해야 한다. 또 플랫폼과 미디어의 환경이 어떻게 변하고 있는지 면밀히 지켜보며 어떤 감성에 호소할 것인지 결정해 움직여야 한다.

현대자동차의 감성마케팅

⋮

현대자동차의 〈Brilliant Memories : 동행〉은 이성과 결합한 감성마케팅의 좋은 사례다. 자동차와 함께했던 추억을 돌려준다는 슬로건으로 시작한 이 전시회는 고객 사연을 받아 유명 예술가들이 추억의 자동차를 예술작품으로 만들어 대중들에게 선보였던 이벤트성 마케팅이다.

이 전시회의 주요한 목적은 브랜드 자체를 단순히 차를 만드는 회사가 아니라 고객과 함께 삶을 살아가는 동반자로 인식시키는 것이었다. 자동차는 인생의 시간을 함께 보내는 친구같은 존재이고, 함께한 시간만큼 많은 기억들이 남는다. 회사는 그 기억의 한 부분을 작품으로 만들어 자동차를 단순한 상품이 아닌 감성으로 인식시키는데 성공했다.

현대자동차는 사람들이 차와 함께 이동하며 많은 추억들을 남긴다는 사실을 인지하고 있었다. 또한 차를 단순히 상품으로만 인식하게

이성과 감성의 결합, 현대자동차의 캠페인(출처 : 현대자동차)

되면 거리감을 가진다는 것 또한 명확히 알고 있었다. 그래서 감성마케팅을 통해 그 벽을 허물어 다가간다는 목표를 세웠다.

특히 사람들이 스토리텔링에 집중한다는 트렌드를 적극적으로 반영해 그들의 이야기에 귀를 기울였다. 또한 취향과 이야기가 개인에 따라 다르다는 점도 반영해 각자의 스타일을 전시회라는 이벤트를 통해 한 곳에 모으며 자동차에 대한 새로운 감성을 완성했다. 하지만 이때 사연 공모부터 시작해 전시회로 이어지는 과정이 감성에만 초점을 맞춰 즉흥적으로 이루어진 건 아니다. 이벤트가 물리적인 공간에서 진행되기 때문에 안전과 동선 등 이성적인 계획이 필요하고, 또 많은 이들의 사연을 반영하는 작업 역시 공감과 감성 외에 그만큼 많은 이성이 필요했을 것이다. 고객들이 단순히 추억에만 젖는 것이 아니라 브랜드를 기억하게 만들기 위해서는 철저한 분석이 필요하기 때문이다.

이처럼 이성과 감성은 짝을 이뤄 적용해야 하며, 단순히 감성을 자극한다고 해서 감성마케팅이 성공할 것이라고 생각하는 건 매우 위험한 일이다. 지금처럼 복잡한 트렌드에서는 감성마케팅에 계획적인 이성을 원하고 있다.

감성마케팅의 미래,
관계를 1순위로!

관계를 형성하려는 노력, 감성마케팅을 완성한다

⋮

감성마케팅은 지금도 트렌드의 중심에 있고, 미래에도 여전히 중심에 있을 것이다. 인간다움이 더 메말라갈 수밖에 없는 빠른 정보화 사회에서 감성을 느끼는 도구로 작용할 수 있기 때문이다.

사람은 기술의 진보 안에서 누구나 따뜻한 감성을 원한다. 그리고 이때 그 한 구석을 파고드는 감성마케팅은 누구도 거부하기 어려운 매력을 지니게 될 것이다. 이렇게 꾸준히 트렌드를 형성해 갈 감성마케팅의 미래를 알기 위해서는 '관계'에 주목해야 한다. 사람을 사회적 동물이라고 말하는 이유는 사회에서 발생하는 관계들을 바탕으로 다양한 감정을 느끼고, 그 감정으로 소통하며 살아가고 있기 때문이다. 이처럼 사람에게 있어 '관계'는 사회 안에서 살아가고 있다는 사실을 느끼게 해주는 가장 중요한 요소다. 그렇다면 감성마케팅의 기본은 이런 사회적인 사람들에게 호소하는 것 아니겠는가? 그래서 우리는 관계에 주목해야 한다.

감성마케팅은 단순히 사람들의 감정에 호소해 소비를 이끌어내는 과정이 아니다. 사람에게 감정을 느끼게 하려면, 그만한 관계가 형성되어 있어야 한다. 미래에는 진심으로 감정을 느끼는 일이 점점 어려워질 것이다. 그렇기 때문에 그만큼 강력한 관계가 형성되어 있어야 감성마케팅이 성공적으로 이뤄질 수 있을 것이다.

스타벅스 감성마케팅의 가장 강력한 무기는 대중과의 관계다. 모든 대중을 만족시키기 위해 제품과 서비스를 준비하고, 그들을 위한 공간을 제공한다. 대중들은 자신의 감성을 자극하는 브랜드를 보고 소비를 하기 위해 브랜드가 만들어 놓은 공간과 제품을 구매한다. 대중과 브랜드 사이에는 묘한 관계가 생긴다. 브랜드와 대중, 서로가 각자의 의도를 만족시켜 주기 위해 움직이는 것이다. 큰 틀 안에서 상호작용을 하고 있는 관계가 생겨난 것이다.

오디션 프로그램도 비슷한 관점에서 이해하면 좋다. 참가자는 가수로 데뷔하겠다는 목표를 가지고 대중들과 적극적으로 소통하는 행보를 펼친다. 대중들은 그들의 모습을 보고 즐기며, 투표라는 수단을 통해 그들의 꿈을 돕는다. 참가자는 데뷔를, 대중들은 그들의 콘텐츠를 소비하길 원한다. 서로가 원하는 걸 도우며 관계를 형성해 가며 감성적인 유대감을 느낀다. 그래서 오디션 프로그램의 팬덤은 더욱더 강력할 수밖에 없다. 함께 앞으로 나아가고 있다는 감정, 즉 관계가 더욱 돈독하기 때문이다.

앞서 사례로 든 코카콜라의 캠페인도 관계 면에서 남다르다. 음료를 구매하는 사람은 기업의 매출에 영향을 주며 지속적인 생산을 돕는다. 그리고 소비자들이 올려준 매출로 음료를 생산한 기업은 사회 공헌 활동을 하며 감성마케팅을 진행한다. 생산자가 원하는 건 매출과 이미지 개선이고, 소비자는 음료와 의미 있는 소비를 원한다. 이 경우도 역시 원하는 걸 서로 주고받으며 관계가 형성된다. 사회 공헌을 하는 회사 덕분에 소비자는 본인들의 소비가 의미 있는 한걸음으로 이어졌다는 생각까지 하게 된다. 소비 자체를 더욱 값지게 만들어주면서 끈끈한 관계가 형성되는 것이다.

사례에서 알 수 있는 감성마케팅에서의 관계는 '무언가를 함께하고 있다는 느낌'이다. 마치 연인 사이의 사랑 같은 느낌이다. 가장 불행한 사랑이 짝사랑 아니던가. 끊임없이 관심받고 사랑하고 있다는 느낌을 받는 게 연애의 필요충분조건이다. 어느 한 쪽만 사랑을 주고 있다면 당연히 사랑하고 있다는 느낌을 받지 못한다. 두 사람 사이에는 어떤 관계도 형성되지 않는다.

감성마케팅의 시작은 니즈 파악

⋮

감성마케팅도 마찬가지다. 기업만 소비자에게 영향을 준다고 해서 관계가 형성되는 게 아니다. 또 소비자만 기업에 메시지를 보낸다고 해서 관계가 형성되는 것도 아니다. 먼저 각자가 원하는 걸 정확하게 정의하고, 공급자가 소비자에게 원하는 것과 보내고자 하는 메시지가 무엇인지 정확히 정해야 한다. 소비자 역시 공급자가 만들어 낸 콘텐츠와 상품에서 얻고자 하는 게 무엇인지 확실히 알아야 한다. 이렇게 공급자와 소비자가 서로의 '니즈'를 정확히 파악하는 것이 앞으로의 감성마케팅을 시작하는 첫걸음이다.

그간 실패한 감성마케팅의 사례들은 이 중요한 과정을 제대로 수행하지 못했다. 소비자가 공급자에게 기대하는 바가 무엇인지 파악하지 못하고, 감성만 담으면 다 마음을 움직일 줄 알고 성급하게 감성마케팅을 시도했다. 이런 케이스는 공감도 없고 감동도 없다. 소비자의 감성을 건드리지 못했기 때문에 소비로 이어지지도 않는다. 그냥 지나가는 마케팅 중 하나가 되고 마는 것이다.

두 주체가 어떤 걸 원하는지 정확히 파악했다면, 그 다음에는 어떤 관계를 설정할지 정해야 한다. 앞서 여러 번 언급했듯, 이제 공급자와 소비자의 관계는 상하관계가 아니다. 트렌드가 소비자 중심으로 흘러가면서 공급자와 소비자는 같은 위치에서 서로를 바라보게 되었다. 따라서 관계의 기본은 동반자가 되어야 한다. 동반자의 위치에서 서로 어떤 역할을 할 것인지를 정의하는 과정이 뒤따라야 한다. 소비자가 공급자의 감성을 느끼는 위치에서 평가자의 역할을 하게 할 것인지, 소비자가 공급자의 메시지를 함께 전달하는 마케터 역할을 수행하게 할 것인지 고민해야 한다. 또는 아예 이미지 형성부터 함께하는 기획자의 관계가 될 것인지를 따져 감성마케팅의 목적을 정의하는 것이 필요하다.

보편타당한 감성마케팅을 펼쳐라

⋮

여기까지만 왔어도 공급자와 소비자의 관계를 형성하는 작업은 충분히 다했다고 할 수 있다. 하지만 좀 더 세심한 관계를 위해서는 한 가지가 더 남아있다. 이렇게 정의한 감성적 관계가 일반 사람들의 감성에 부합하는 것인지 마지막으로 확인해야 한다. 이는 공급자의 상품이나 콘텐츠에 열렬한 지지를 보내는 덕후 계층, 적당 수준의 관심을 가지고 있는 계층을 제외한 일반적인 소비자들을 고려해야 하기 때문이다.

콘텐츠와 상품이 익숙한 사람들은 감성마케팅에 빠르게 반응하고, 관계 형성도 수월하게 진행된다. 하지만 일반 대중들의 경우 보통의 감성에 부합하지 못하면 거절할 가능성이 높다. 워낙 많은 콘텐츠와 상품에 노출되는 탓에 무뎌졌기 때문이다.

이 부분을 해결할 수 있는 것이 바로 보편타당한 감성이다. 소비자들과 형성하려던 관계의 감성이 부담스러운 부분은 없는지, 제3자의 눈으로 봐도 충분히 고개를 끄덕일 만한 관계인지 확인해야 한다. 사람 사이도 그렇지만, 마케팅을 통한 관계의 형성은 더욱 더 어렵다. 많은 감성마케팅에 노출되어 있을 미래에는 더더욱 그럴 것이다.

이럴 때 우리는 관계라는 단어에 집중해 감성마케팅 트렌드를 끌고 나갈 필요가 있다. 관계라는 건 사람과 사람 사이에 반드시 필요하지만, 소비자와 생산자 사이에도 꼭 형성되어야 한다. 우리는 좋은 관계에 있는 사람에게 관심을 아끼지 않는다. 마찬가지다. 소비자도 좋은 감성의 관계를 형성한 콘텐츠와 상품에는 소비를 아끼지 않을 것이다.

감성과 신뢰가 결합된 관계의 형성은 큰 힘을 발휘한다. 특히 제대로 된 감성마케팅은 믿음으로 이어진 연결고리들을 만드는 데 큰 도움이 된다. 그러기 위해 우리는 각자의 니즈를 정확히 파악하고, 신뢰관계를 형성하려는 노력을 아끼지 말아야 한다. 또한 이해관계에 앞서 보편타당한 감성을 먼저 생각해야 하며, 이성적인 판단을 결합해 결과물을 도출해야 한다. 이렇게 만들어진 신뢰가 곧 돈을 부른다는 사실을 항상 염두에 두어야 할 것이다.

•

10장

레트로 열풍,

끝날 때까지 끝난 게 아니다

과거를 현재로,
레트로의 습격

과거를 현재에서 새롭게 창조하다
⋮

패션은 돌고 돈다고 한다. 과거에 유행했던 스타일 코드가 다시 등장하고, 현재 유행하는 스타일은 미래의 어느 날 다시 대중들의 지지를 받을 것이다. 그래서 패션 전문가들은 유행이 지난 옷을 버리지 말라고 조언한다. 언젠가는 그 옷의 유행이 다시 돌아올테니 보관해 두라는 것이다. 실제로 그렇다. 언제가 될지 정확히 예측은 못하지만, 대중들은 끊임없이 반복되어 돌아오는 패션의 유행주기 안에 살고 있다.

사람도 마찬가지다. 과거를 기억하고 추억하는 건 누구에게나 당연한 일이다. 과거에 경험한 것들은 시간이 지나면 다 아련한 옛날 이야기로 남고, 이를 생각하면 괜스레 반가운 추억이 된다. 이처럼 과거의 기억을 그리워하면서 그 시절로 돌아가려는 흐름을 레트로라고 말하며, '복고주의' '복고풍'이라고도 불린다.

　그리고 지금의 트렌드에서 레트로 열풍은 단순한 추억팔이를 넘어 소비흐름에 영향을 주는 거대한 물결로 성장했다. 추억 속에 한 번으로 끝나는 소비가 아니다. 레트로는 콘텐츠와 상품에 대해 지속적인 소비를 유발하며 산업흐름에 영향을 미치는 수준으로까지 나아가고 있는 중이다.

　사실 이전에도 레트로 열풍에 따른 소비는 꾸준히 존재했다. 과거를 추억으로 생각하고 반가워하며 맞이할 대중들은 늘 존재했기 때문이다. 영화 〈건축학개론〉이 레트로 코드를 등장시키며 반응을 얻은 이후 사람들은 레트로 열풍이 촉발시키는 소비심리에 대해 주목하기 시작했다. 영화에 등장한 CD 플레이어, 삐삐 등 다양한 제품들이 관심을 받았고, 배경음악으로 등장한 전람회의 노래 '기억의 습작'은 세대를 넘어서는 힘을 발휘하며 다시 엄청난 인기를 얻었다.

　HOT와 젝스키스로 대변되는 90년대 상황을 그린 드라마 〈응답하라 1994〉 역시 큰 인기를 얻었다. 이 인기를 타고 각종 소비현상이 이어지면서 레트로 열풍과 소비심리에 대한 관심은 더 다양해졌다. 〈응답하라 1994〉의 방영 기간 동안 드라마에 등장한 과거의 음악들이 다시 음원 차트에 등장했고, 터틀넥 니트나 체크 코트 등 그 시대에 유행했던 옷들이 다시 인기를 얻으며 유행패션을 만들어 냈다. 심지어 드라마에 등장한 아이돌 그룹이 지속적으로 주목받으며 재결합을 선언하는 일까지 벌어졌다. 단순히 '그땐 그랬지'가 아니라 현재의 관점에서 재해석하며 콘텐츠를 소비하는 일이 벌어진 것이다. 놀라운 현상이 아닐 수 없었다.

불확실성이 레트로를 부른다

⋮

보통 문화를 연구하는 사람들은 레트로가 경제적 상황과 겹쳐 등장한다고 말한다. 경제적 어려움을 느끼고, 현재에 대한 믿음이 흔들리거나 미래에 대한 불안감이 커지면 상대적으로 편안했다고 느끼는 과거에 자꾸 집착하게 된다는 것이다.

지금의 현실 자체가 경쟁이 치열하고 불확실한 요소가 많다 보니 각 세대마다 안갯속을 헤매는 듯한 느낌 속에서 고민을 안은 채 살아가고 있다. 바로 이런 그들에게 그나마 안정감을 줄 수 있는 게 바로 레트로 코드로 대표되는 과거라는 것이다. 틀린 말이 아니다. 사람들은 현재와 미래가 반갑지 않을수록 과거의 기억을 미화하는 경향이 있다. 과거는 그래도 행복했었다고 생각되기 때문에 그리움의 대상이 될 수밖에 없다.

하지만 지금의 레트로 코드는 단순히 과거를 지향하는 게 아니라 〈응답하라 1994〉의 경우처럼 현재에서의 재해석을 동반한다. 또한 각종 콘텐츠와 상품을 통해 소비로 이어지는 현상들이 드러난다. 따라서 이 상황을 설명하려면 현재와 미래에 대한 불확실성 외에 또 다른 요소를 봐야 한다. 바로 변화된 플랫폼 환경이다.

접근성의 변화,
레트로 열풍에 불을 지피다

레트로 열풍의 원인

⋮

콘텐츠와 상품을 접하는 환경이 변하면서 지금은 추억팔이 자체가 쉬워졌다. 갑자기 10년 전에 듣던 음악이 듣고 싶어진다면 당신은 어떻게 할 것인가? 인터넷이 없던 시절이라면 집에 있는 테이프나 CD를 찾아서 들어야 한다. 만약 테이프나 CD가 없다면 음악다방에 가서 신청곡을 남기거나 가요 프로그램이 그 음악을 다룰 때까지 기다려야 한다.

하지만 지금은 달라졌다. 음원 서비스 플랫폼에 들어가 검색을 하면 바로 들을 수 있고, 유튜브에는 과거의 영상들이 넘쳐난다. 그때 그 시절 영상과 함께 음악을 즐길 수 있다. 접근성 자체가 차원이 다르게 좋아졌다.

영상 콘텐츠도 마찬가지다. 문득 떠오르는 드라마나 영상을 보고 싶으면 유튜브에서 검색하면 된다. 너무 희귀한 자료는 찾기 어렵겠지만, 지금은 방송국 채널마다 유튜브를 통해 과거 방송 영상들을 제공하기 때문에 웬만한 영상들은 찾아볼 수 있다. 또 특화된 영상 콘텐츠 플랫폼에서는 모아보기까지 제공하고 있어 언제든 시간을 내 정주행을 하는 것도 가능하다.

상품의 경우도 마찬가지다. 상품과 관련된 레트로의 대표는 역시 광고다. 유튜브에는 옛날 광고가 많이 올라와 있는데, 약간은 촌스럽게 느껴지는 광고에서 색다른 재미와 호기심을 느낄 수 있다. 아직까지 제품이 남아 있다면 지금 세대들은 신기해서 구매할 것이고, 기성세대는 추억이 떠올라 구매로 이어질 것이다.

이처럼 모든 세대에게 상품에 대한 기억과 호기심을 안겨줄 수 있는 건, 과거에 비해 확연히 달라진 접근성 때문이다. 스마트폰의 보급률이 매우 높아진 지금, 언제 어디서나 레트로 열풍을 피부로 느끼는 게 가능해진 것이다.

취향의 분화가 '최신 유행'을 만든다

⋮

취향의 분화도 레트로 열풍에는 큰 힘이다. 앞서 언급했지만, 1인칭 중심의 트렌드에서 취향이란 각자의 이야기를 말한다. 누군가를 따라갈 필요도 없고, 또 누군가를 자신의 취향 안으로 데려올 필요도 없다. 그저 스스로 원하는 것을 즐기고 소비하면 되는 것이다. 이런 환경은 취향의 적극적인 분화를 가져왔다.

이처럼 서로 관심 있는 게 달라지면서 다양한 콘텐츠와 상품들이 주목받을 수 있는 환경이 만들어졌다. 이런 상황에서 레트로 코드는 큰 의미를 가지게 됐다. 많은 사람들의 관심사 중 하나로 인정받을 수 있게 되었기 때문이다. 과거에는 촌스럽다고 여겨졌던 것들이 하나의 장르가 되고, 관심사가 다양해지며 과거의 콘텐츠나 상품을 다시 소비하는 행위 또한 자연스러워졌다. 누구의 눈치를 보거나 어색해 할 필요도 없다. 그저 내가 원하는 것에 주목하면 되니 말이다. 이런 분위기에 힘입어 레트로 코드는 대세 유행 중 하나로 평가받게 되었다.

레트로 열풍을 타고 식품업계는 각종 제품의 포장지를 과거형으로 돌리며 추억을 자극했다. 해당 포장을 접해 보지 못한 세대에게는 호기심을 자극해 일명 '인싸 아이템'으로 평가받기도 했다. 레트로 열풍을 타고 벌어진 이런 행보는 모두 취향의 분화에 대한 정확한 분석이 있기에 가능했다.

과거에는 모두가 좋아할 만한 한 가지 형태로만 콘텐츠와 상품을

추억이 호기심으로 새로운 생명력을 얻는 시대(출처 : 오뚜기)

밀어붙이는 게 일반적이었다. 하지만 이제는 각자 원하는 게 있을 것이라는 의견도 힘을 얻고 있다. 최신 패키지를 좋아하는 사람이 있으면, 과거의 향수를 자극하는 패키지를 좋아하는 사람도 존재할 것이라는 믿음이다. 실제로 레트로 패키지는 그 시절을 경험한 세대뿐만 아니라 경험하지 못한 세대에게도 신기함의 대상이 됐다.

이처럼 레트로 열풍은 '과거'에 새로운 생명력을 불어넣었을 뿐만 아니라 새로운 기회의 모티브가 되기도 한다. 그래서 최근의 레트로 열풍은 새로운 레트로라는 뜻의 '뉴트로'라는 용어로 정의하기도 한다. 새로운 코드를 통해 재해석을 하는 뉴트로 경향은 취향이 나눠지고 있음을 인지한 콘텐츠와 상품들로 인해 더욱 강렬하게 촉발되고 있다. 취향에 대한 도전과 확신이 없었다면 레트로 콘텐츠와 상품은 나오지 못했을 것이고, 재해석은 불가능했을 것이다.

인싸의 필수 지침서,
레트로 열풍

주류에 대한 반항, 특별함을 부여하다

⋮

대세에 대한 반작용도 레트로 열풍에 힘을 실어줬다. 앞서 방탄소년
단에 대한 내용을 언급하며 주류에 대한 '반항'을 이야기했다. 주류
에 대한 반항은 현재 꾸준히 이어지고 있는 주요한 트렌드다. 뻔한
걸 탈피하고 스스로에게 특별함을 부여하며 인싸가 되고 싶은 사람
들에게 '반항'은 색다름을 완성하는 주요한 시도다.

레트로 열풍도 그렇다. 지금 우리가 사는 사회는 하루가 다르게
변하고 있다. 변화를 이뤄내는 속도도 점점 빨라지고 있다. 하루가
멀다 하고 새로운 것들이 나오다 보니 따라가기 어려운 측면도 있
다. 이런 현실은 오히려 추세와 반대로 가는 '반항'이 더 특별해질
수도 있겠다는 생각이 나오게 만들었다. 무조건 빠르게 변화하는 세
상을 따라가는 게 아니라, 지금보다 느렸던 과거로 일탈을 추구하며

지금의 질서에 반항하는 게 오히려 확실한 '인싸'가 되는 방법이라는 것이다.

레트로 콘텐츠와 상품을 직접 소비하지 못했던 10~20대들에게도 이런 생각은 동일하게 적용된다. 소위 '대세'라고 말하는 콘텐츠와 상품을 즐기는 것도 좋지만 남들보다 조금 더 특별하고 싶은 욕구가 있기 때문에 처음에는 신기함으로 다가오는 레트로 코드가 집단에서 가장 특별해지는 수단이 될 수 있다는 생각을 하게 된 것이다.

레트로는 최적의 소비코드
⋮

사람들이 소비를 하는 이유는 어디에 있는가? 바로 자신의 최대 만족을 위함이다. 그리고 이때 소비를 함으로써 특별해지는 레트로 코드는 최적의 소비 결과를 제공하게 되는 것이다.

최근 레코드판을 말하는 LP가 음악계에서 새로운 대세로 떠올랐다. 레트로 코드에 정확히 부합한다. LP는 그간 크고 느려서 CD로 대체되는 운명을 맞봤고, CD에서 음원 시대로 넘어가며 수집가들이나 마니아층 말고는 즐기는 사람이 점점 사라졌다. 하지만 레트로 열풍과 함께 다시 날개를 달았다. LP를 들으며 성장한 장년층에게 LP는 반가움의 대상이며 익숙한 존재다. 하지만 CD와 음원을 들으며 성장한 20~30대들도 LP에 관심을 가지자 홍대나 강남 등지에 LP바가 생겨났다. 최근에는 LP를 전문적으로 다루는 레코드 페어도 열리고 있고, 각종 음반들이 LP 한정판으로 발매되며 대중들의 소비욕구를 자극하고 있다. 한정판들은 거의 대부분 조기품절되며 LP 대세를 입증하고 있다.

이뿐만 아니다. LP의 존재 자체가 낯설 수밖에 없는 10대들도 하나의 소장품으로 인식해 구매에 뛰어들고 있다. 특히 기획사들이 아이돌의 음반을 LP 한정판으로 발매하며 10대들에게도 'MD상품'의 한 종류로 다가갔다. 덕분에 이제 세대를 막론하고 LP는 인싸들의 아이템이 되었고, LP를 전문적으로 다루는 공간은 일명 '힙스터'들의 성지로 알려지며 젊은 세대의 발길이 이어지고 있다. 모두가 LP라는 수단으로 특별해짐을 경험하고 있는 것이다.

최근 트렌드의 정점으로 떠오른 '을지로'도 같은 맥락에서 이해할 수 있다. 70~80년대 지어진 건물들 사이로 다양한 사람들이 오가는 을지로는 매체에 소개될 만한 노포도 많아서 과거와 현재가 공존하는 공간으로 많은 관심을 모으고 있다. 그래서 일명 '힙지로'(힙스터와 을지로의 합성어)라는 별칭을 얻기도 했다.

기성세대에게 을지로는 삶의 공간이자 만남의 공간으로, 다양한 사람들과 어울리며 추억을 쌓아온 아련한 낭만이 있는 곳이다. 하지만 젊은 세대에게 을지로는 딱히 공감대를 형성할 만한 공간이 아니다. 오히려 강남과 홍대로 상징되는 번화가 문화가 그들에게는 더 어울리는 곳이다. 하지만 '인싸'들의 성지로 평가받으며 을지로는 젊은 세대에게도 대세가 됐다.

젊은 세대에게 을지로 자체의 레트로한 색깔은 특별함으로 다가갔다. 을지로라는 장소에서 시간을 소비하며 특별함의 중심에 있다는 만족감을 얻게 된 것이다. 그래서 을지로를 찾아 구석구석 돌아다니며 그 특별함을 사진에 담는다. 소비는 각자의 만족을 최대치로 끌어올릴 때 더 활발하게 움직인다. 특별해지는 순간 속에서 소비의 가치 또한 더 큰 의미를 가지게 되고, 을지로를 찾은 젊은 세대는 소비를 할 수밖에 없는 상황에 놓인다.

대세에 대한 반작용은 늘 새롭고 특이한 것들을 찾게 만든다. 그리고 레트로 열풍은 끊임없이 과거 속에서 눈에 띨 만한 것들을 제공하고 있다. 특별해지고 싶은 지금의 소비주체들은 인싸가 되기 위해 레트로 코드를 소비한다. 레트로 코드는 이런 방식으로 소비환경 안에서 더 특별해지고 있다.

뉴트로를 넘어
영트로를 겨냥하라

레트로 열풍은 계속된다

⋮

레트로 열풍을 타고 다양한 콘텐츠와 상품이 출시되고 있다. 소비트렌드에서 레트로 열풍은 일시적인 현상이 아니다. 지금까지도 계속이어져 왔지만, 대중들의 관심 안에서 재발견될 콘텐츠와 상품들이 아직도 많은 만큼 레트로 열풍은 계속 이어질 것으로 예상한다. 사람들의 특별함을 향한 욕구와 향수를 자극해 소비를 부르는 추세이다 보니 잠깐 뜨고 지는 열풍이 아니라 하나의 현상으로 대중들과 소통이 이어질 것이다.

그렇다면 우리는 이 레트로 열풍을 트렌드에 어떻게 반영할 것인가에 대해 고민하지 않을 수 없다. 지속적으로 이어질 현상이기 때문에 발전적으로 반영할 수 있는 방법들을 고민해야 하는 시점이다.

흥미로운 건 레트로 코드는 분야를 가리지 않고 적용가능한 트렌드라는 것이다. 어느 분야라도 옛것은 있다. 역사가 없는 분야는 없기 때문이다. 당연히 레트로 열풍의 흐름에서 반영할 수 있는 건 누구에게나 있다. 그러니 폭넓게 적용하고, 제대로 반응을 이끌어 낼 수 있는 방향성을 설정하는 건 무척 중요한 일이다.

'레트로'에서 '뉴트로'로!
⋮

필자는 레트로 열풍을 반영하는 방법론으로 레트로를 넘어 이제는 뉴트로를 추구해야 한다고 말하고 싶다. 뉴트로란 말 그대로 레트로를 재해석하는 것이다. 레트로 열풍이 불기 시작하며 이를 재해석한 뉴트로를 기반으로 많은 콘텐츠와 제품들이 쏟아져 나왔고, 각자의 방식으로 대중들에게 좋은 반응을 얻었다.

특히 뉴트로는 70년대부터 90년대에 이르기까지 폭넓게 인기를 얻었던 제품들을 재해석하며 등장했다. 패션업계를 중심으로 커다란 반향을 일으킨 건 물론이다. 신발, 옷, 액세서리 등 다양한 패턴으로 뉴트로가 소비됐고, '인싸 아이템'이 되며 인기를 모았다.

휠라코리아의 인기제품이 된 '디스럽터2'는 뉴트로 콘셉트를 제대로 반영해 그야말로 대박을 쳤다. 해당 제품은 1997년 출시됐던 '디스럽터'의 후속작으로, 시간과 공간을 넘어 그 당시의 감성을 재해석해 두 번째 모델에 담았다. 투박하고 못생겼다고 해서 일명 '어글리 슈즈'라고 불렸던 이 제품은 기존의 운동화 디자인에 질렸던 10~20대들 사이에서 뉴트로 열풍을 일으켰고, 미국 신발 전문 매체인 풋웨

뉴트로 콘셉트로 올해의 신발
에 선정됐던 디스럽터2(출처 :
휠라코리아)

어뉴스는 2018년 올해의 신발로 '디스럽터2'를 선정하기도 했다.

휠라는 이외에도 다양한 제품에 뉴트로 감성을 반영하며 새로운 전기를 열었다. 매출이 급상승한 건 물론이고, 조금은 올드하게 느껴졌던 휠라라는 브랜드 이미지 자체를 산뜻하게 바꿔 버렸다. 휠라는 패션업계에 뉴트로 열풍을 선도한 주인공이 되었고, 뉴트로 트렌드로 새로운 감성을 수혈하며 '개척자'의 역할을 수행하고 있다.

이제는 '영트로', 펀슈머에 주목하라

⋮

이런 레트로 열풍은 '영트로'라는 트렌드를 만들어 냈다. 영트로는 '영 레트로'의 줄임말로 젊은 레트로라는 뜻이다. 뉴트로가 재해석

쪽에 초점을 맞춘다면, 영트로는 젊은 세대가 무엇을 좋아할지에 좀 더 관심을 둔다. 영트로에 주목해야 하는 이유가 바로 여기에 있다. 소비와 확산의 근원지가 바로 '젊은(Young)' 세대에게 있기 때문이다.

지금의 밀레니얼 세대와 Z세대는 '재미'도 소비의 한 부분으로 생각한다. 재미와 흥미가 있어야 소비를 하며, 재미없어 보이는 것에는 돈을 쓰지 않는다. 그래서 일단은 흥미를 끌 수 있는 수단이 하나는 있어야 한다.

레트로 트렌드는 이런 부분에 훌륭한 답을 제시해 줬다. 인싸가 되고 싶은 욕구와 함께 호기심을 자극하며 눈길을 사로잡는데 레트로 트렌드가 큰 역할을 했기 때문이다. 하지만 이제 이것만으로는 부족하다. 그래서 영트로에 주목해야 하는 것이다.

영트로의 선결조건은 '확산'에 있다. 여기서 말하는 확산이란 자신들의 SNS에 공유하고 퍼트리는 일련의 행위를 말한다. 젊은 세대들은 SNS 환경에 친숙하다. 그래서 자신들이 즐기고 있는 콘텐츠나 상품들을 쉽게 사진으로 공유하고, 각종 해시태그를 통해 퍼트린다.

다만 여기서 중요한 건 공유하고 싶은 것만 공유한다는 것이다. 공유했을 때 주변 사람들에게 반응을 얻지 못할 것 같은 콘텐츠나 상품은 아예 공유하지 않는다. '좋아요'도 많이 받고 싶고, 공유도 많이 받고 싶은 게 사람의 마음이다. 딱히 반응이 없을 것 같으면 올릴 이유가 없는 것이다. 그래서 영트로의 핵심은 '공유하고 싶은 레트로 코드'이다. 공유하고 싶다는 건 자신의 마음에도 들어야겠지만, 재미가 있어야 한다. 그러니 무게감은 적어도, 가볍고 산뜻한 레트로 코

영트로는 레트로 코드와 함께 재미를 잡아야 한다(출처 : CJ CGV)

드로 확산을 불러야 한다.

CJ CGV는 곰표 밀가루 포대에 담긴 팝콘을 판매하는 이벤트를 펼쳤다. 곰표라는 포대 자체가 레트로 코드를 차용한 부분이었다. 젊은 세대들은 팝콘과 전혀 어울리지 않는 특이한 디자인에 즉각 관심을 보였고, 포대 자체에도 호기심을 보였다. 이처럼 팝콘에 대한 생각을 깨버린 이벤트에 재미를 느꼈고, 품절 대란과 함께 수많은 SNS 인증을 불렀다.

곰표 팝콘과 함께 퍼져 나가는 건 팝콘 그 자체가 아니라 기업의 이미지와 브랜드 명이다. 영트로의 첫 조건은 '확산'을 먼저 생각하는 것, 그래서 너무 무거운 이미지보다는 공유를 부를 만한 재미를 찾아내는 것이다.

영트로에서의 재미는 공유와 직결되고, 공유는 곧 확산이다. 젊은 세대들의 SNS 전파력은 생각보다 강력하다. 친구에 친구를 타고 끊

색다른 기획으로 펀슈머를 공략한 죠스젤리와 메로나우유(출처 : 롯데제과, 빙그레)

임없이 퍼져나가며, 해시태그는 입소문의 진원지가 된다. 이렇게 자연스런 바이럴은 의도를 두고 하는 바이럴 마케팅보다 때로는 훨씬 더 강력한 효과를 뽐낸다.

이런 경향을 지닌 소비자를 우리는 '펀슈머'라고 부른다. 서울대 푸드비즈니스랩에서 만든 신조어인 펀슈머는 펀(Fun)과 컨슈머(Consumer)의 합성어*로, 말 그대로 재미있어야 소비하는 사람들을 의미한다.

죠스바는 익숙한 스터디셀러 아이스크림이다. 나온 지 오래된 제품이기 때문에 젊은 세대에게는 레트로 아이템이다. 꾸준히 명맥을 이어오긴 했지만, 변화가 필요한 시점에 죠스바는 변신을 통해 재미를 공략했다. 색다름과 함께 재미가 동반된 젤리로 SNS에서 많은 공

* '펀슈머'를 잡아라, 푸드매거진, 2019.01.03.

유를 일으킨 것이다. 식품업계에서는 이런 사례가 유독 많다. 메로나 우유, 육개장 사발면 맛 포테이토칩 등 신기함과 함께 재미를 부르는 아이템들이 많이 출시됐다. 여기에 재미를 느낀 대중들이 신나게 공유를 한 건 물론이고, 제품의 이름도 쭉쭉 퍼져나갔다. 이처럼 펀슈머를 위해서 영트로는 더 재미있어져야 한다.

'이유'와 '힙함',
영트로를 완성하는 조건들

레트로를 소비해야 하는 '이유'가 필요하다

⋮

앞에서 영트로의 첫 번째 조건은 '확산'이라고 했다. 두 번째 조건은
'이유'다. 젊은 세대에게 레트로 코드를 소비해야 하는 이유를 만들
어 줘야 한다.

　이유 없는 소비는 없고, 이유가 없다면 흥미도 느끼지 못한다. 뉴
트로를 소비한 10~20대에게는 단순하지만 명확한 이유가 있었다.
'기존 상품과 달라서' '신기함이 느껴져서' '남들과 다르게 보이고 싶
어서' 등 각자의 명확한 소비 이유가 존재했다. 이는 기성세대와는
매우 다른 점이다.

　기성세대는 소비를 할 때 이유보다는 '의미'를 먼저 생각한다. 가
족의 존재를 먼저 생각해야 했고, 공동체의 의미를 떠올려야 했다.
그러다 보니 소비흐름 자체가 '누군가를 위해서' 이루어지는 경우가

많았다. 또 공동체의 의미를 따지다 보니 대세라고 하는 흐름에 휩쓸려 소비하는 경향을 보였다.

하지만 지금은 다르다. '내'가 우선이 되는 1인칭 시대다. 당연히 이런 '의미'는 별 필요가 없어졌다. 자신의 만족감과 자신의 의도대로 움직이며 소비하는 세대에게는 의미보다 '이유'가 더 중요하다. 돈을 썼는데 이유가 없다면 허무해지고 판단기준이 흐려지기 때문이다. 내가 가장 중요한 시대인데, 나 자신조차 이유를 모른다면 그건 가장 위험한 상황이다. 자신을 위한 이유를 찾아줘야 기꺼이 지갑을 연다. 그래서 영트로는 모든 상황에서 이유를 손에 쥐어줘야 한다.

레트로 코드를 발전적으로 받아들인 아이유는 〈꽃갈피〉라는 제목의 리메이크 앨범을 2번에 걸쳐 발매했다. 〈꽃갈피〉와 〈꽃갈피 둘〉은 모두 상업적인 성공을 거뒀고, 아티스트로서 아이유의 이미지를 공고히 다지는 계기가 됐다.

이 앨범의 특징은 단순히 리메이크를 하는 게 아니라 리메이크의

콘텐츠를 소비해야 하는 이유를 만들어 줘야 한다(출처 : 카카오M)

이유를 아이유 자신이 설명했다는 점에 있다. 특히 〈꽃갈피〉 앨범에서 가장 주목을 받았던 '너의 의미'는 원곡자인 김창완이 직접 음악에 참여해 노래를 들어야만 하는 이유를 더했다. 아이유 자신도 리메이크에 대한 자신의 생각과 이야기를 각종 매체를 통해 전달하며 또한 번 들어야 할 이유를 제시해 줬다. 들어야 할 이유를 제시해 주니, 소비하지 않을 이유가 없었다. 젊은 세대들도 다소 생소할 수 있는 과거의 음악을 적극적으로 소비하며 아이유의 리메이크 앨범을 성공으로 이끌었다.

'이유'에 대한 경향은 젊은 세대가 한층 더 합리적인 사고방식을 가졌다는 것에서 기인한다. 젊은 세대는 광고를 싫어한다. 일단 광고라면 거부부터 하고 들어가는 경우가 많다. 자신이 고른 콘텐츠를 빨리 보고 싶은데, 광고에 시간을 낭비해야 하는 게 합리적이지 못하다는 생각 때문이다.

여기에 더해 시대를 넘나들며 많은 영향을 미쳤던 각종 바이럴 마케팅도 젊은 세대들은 의심부터 하고 본다. 무작정 마케팅 콘텐츠를 받아들이는 게 합리적이지 못하다는 생각 때문이다. 그래서 자신의 시간을 빼앗는 광고성 마케팅에는 날카로운 시선과 냉정한 후기를 남기는 등 합리적인 만족감을 얻기 위해 하나라도 제대로 된 걸 소비하려 애쓴다.

그런데 이렇게 이성적이고 합리적인 사고를 가지고 있는 그들에게 레트로 자체만으로는 동기부여가 되지 않는다. 그래서 레트로 열풍을 받아들이고 돈을 써야 하는 '이유'를 계속해서 만들어 줘야 한다. 여기서 이유는 다양하게 나올 수 있다. 콘텐츠와 제품에 대한 확신을 심어주는 것일 수도 있고, 적극적인 소통으로 객관적인 의견을 주고받는 것일 수도 있다. 너무 재미있어서 기분을 전환시켜 주는 것일 수도 있고, 다양한 상황에서 활용가능한 멀티형 강점을 줄 수도 있다. 어떤 이유가 되느냐는 중요하지 않다.

따라서 영트로는 레트로 감성을 소비해야만 하는 이유를 다양한 방식으로 끊임없이 젊은 세대에게 들려주고 어필해야 한다. 상품과 콘텐츠를 떡하니 내놓는 건 아무 의미가 없다. 대세를 따른다고 무조건 레트로 트렌드를 반영하는 것도 딱히 의미가 없다. 영트로는 끊임없이 이어지는 '이유의 스토리텔링'을 이어갈 수 있어야 한다.

'힙함'으로 오리지널리티를 보여줘라

⋮

세 번째 조건은 '힙함'이다. 힙함은 여러 가지로 정의할 수 있겠지만, 대체로는 멋져 보이고 쿨해 보이는 상태를 말한다. 한마디로 멋스러워 보이는 것이다.

힙합 음악은 조금 강한 면모가 있어서 마니아층에만 어필하는 경우가 많았다. 하지만 해외 음악시장에서 '힙합'이 대세로 떠오르고, 국내에서도 각종 페스티벌과 엠넷의 〈쇼미더머니〉를 통해 힙합이 대중들의 사랑을 받게 되었다. 그러면서 '힙합'이라는 표현도 대중들에게 널리 알려지게 되었다.

이에 따라 '힙함'이라는 개념은 힙합의 대중적인 인기와 함께 떠오르며 특유의 자유로움과 멋을 표현하는 단어로 사용되어졌다. 특히 젊은 세대는 이 단어를 즐겨 사용하며 자신만의 오리지널리티(독창성)를 표현한다. 또 이들은 '힙함'을 통해 자신만의 세계를 창조하고 싶어 하고, 자신만이 보여줄 수 있는 멋스러움으로 세상과 소통하길 원한다.

힙함은 딱히 한 가지로 정의되진 않는다. 어떻게 입어야 힙한 것이며, 또 어떤 콘텐츠를 즐긴다 해서 힙하다고 말하지 않는다. 힙함이란 자신만의 멋을 표현하고, 자신만의 독특한 오리지널리티를 뿜어내는 사람을 두고 하는 표현이라고 보는 게 더 정확하다.

오랜 오리지널리티를 가지고 레트로 그 자체로 평가받는 신발 브랜드 컨버스는 일명 '커스텀 컨버스'를 도입해 젊은 세대의 마음을 사로잡았다. 커스텀 컨버스는 말 그대로 자신이 넣고 싶은 색깔과 문구를 넣어서 자신만이 가지고 있는 유일무이한 신발을 만드는 것이다. 컬러, 신발끈, 아웃솔 등 신발에 관여하는 거의 모든 요소를 본인이 선택할 수 있다. 선택 옵션이 다양해 자유도도 높은 편이다. 소비자는 커스텀 작업을 통해 자신의 취향에 따라 하나밖에 없는 신발을 구성할 수 있고, 이를 통해 자신의 오리지널리티를 확보하며 힙하다는 느낌을 받게 된다.

세상에 하나밖에 없는 제품을 가진다는 건 생각보다 짜릿한 일이다. 레트로 감성을 자신만의 색깔로 한 번 더 표현하고, 이를 통해 힙함을 확보한다. 영트로에서 꼭 필요한 감각이다. 힙하다는 건 앞서 언급한 대로 꼭 힙합과 연관된 무엇을 뜻하는 게 아니다. 오리지널리티를 부여할 수 있는 모든 활동이 다 힙하다고 할 수 있다.

누군가에게 유일무이한 가치를 전달할 수 있는 것 역시 매우 힙한

이제는 나만의 멋스러움을 추구하는 데 집중해야 할 때다(출처 : 컨버스코리아)

일이다. 영트로는 힙한 콘텐츠와 제품을 원한다. 레트로를 기반으로 오리지널리티를 확보할 수 있다면, 그들은 남들과 다른 진짜 인싸가 되는 것이다.

따라서 영트로의 개념은 컨버스의 사례와 같이 커스텀 개념을 적극적으로 도입해야 할 필요가 있다. 각자의 요구를 만족시킬 수 있는 1대1 서비스 개념도 적극적으로 반영할 필요가 있다. 결국 영트로를 통해 젊은 세대는 특별함의 끝을 보고 싶어한다. 뉴트로가 재해석이었다면, 영트로는 특별함을 만들어 내는 작업이 동반되어야 한다. 그리고 콘텐츠와 제품은 이런 요구를 충족시킬 수 있어야 한다.

죽기 전엔 죽지 않는다,
영트로를 향해 나아가라

영트로, 콘텐츠와 산업 발전의 새로운 동력

'죽기 전엔 죽지 않는다'는 말이 있다. 요즘의 콘텐츠와 제품이 유통되는 환경을 보면 생각나는 말이다. 과거의 콘텐츠와 상품은 일회성에 그치는 경우가 많았다. 인기를 얻는다 해도 '한 철'이 지나면 끝이고, 또 다른 콘텐츠와 상품이 나오면서 자연스럽게 대체된다.

하지만 플랫폼의 발달과 대중들이 적극적으로 참여가능한 미디어의 변화는 '죽기 전엔 죽지 않는다'는 공식으로 콘텐츠와 상품을 이끌고 있다.

유튜브에는 과거의 콘텐츠가 끊임없이 올라온다. 또 과거의 영상은 짤이 되어 대중들을 파고든다. 영상이 인기를 얻으며 대중들의 공유 욕구를 자극하기도 한다. 따라서 지금 현재 우리에게 인기 있는 콘텐츠와 상품이라면 앞으로 언제든 다시 재해석되어 대중들을 만날 수 있는 가능성이 있다.

이제 공급자들은 속된 말로 한 철 장사용 콘텐츠와 상품에서 벗어나, 진지한 가능성을 열어두고 대중들과 진심으로 소통할 수 있는 방법을 찾아야 한다.

여기서 어느 정도 답을 찾는데 도움을 줄 수 있는 개념이 바로 '영트로'다. 재미와 이유 그리고 힙함이 영트로의 핵심이다. 재미있고, 다시 되살려야 할 이유가 충분하고, 그 콘텐츠나 상품이 힙한 오리지널리티가 있다면 굳이 과거에 묻어둘 필요가 없는 것이다.

영트로는 꼭 레트로 코드뿐만 아니라 현 시대에서 소통하고 있는 콘텐츠와 상품에도 좋은 해답을 제시한다. 그만큼 지금의 세대가 원하는 코드가 다 녹아 있는 게 바로 영트로가 아닌가 싶다. 다만 끈질긴 생명력으로 버티는 게 아니라 그 생명력을 새롭게 불어 넣어주는 손길이 꾸준히 필요하다.

재미, 이유, 힙함은 역주행의 동력이다

⋮

그래서 콘텐츠와 상품은 대세에만 급급해 만들어 내서는 성공할 수 없다. 깊은 고민과 계획이 동반되어야 한다. 새로운 콘텐츠와 상품을 내놓았는데 대중들의 반응이 없다면, 지금의 대중들이 원하는 코드나 가치가 콘텐츠와 상품에 구현되어 있는지를 진지하게 생각해 봐야 한다.

안 되는 콘텐츠와 상품은 늘 이유가 있다. 잘 만들어 봐도 외면받는 일 또한 언제나 이유가 존재한다. 안타까워 하는 마음 한 구석에 재미와 이유 그리고 힙함이 존재한다면 콘텐츠와 상품을 역주행시킬 수 있는 힘은 충분하다고 봐야 한다.

레트로 열풍은 우리에게 동 시대의 주역들이 원하는 가치를 주면서 힘차게 소통하라고 말한다. 고여 있는 가치는 상해 버리고 만다. 역동적으로 움직이고 생각하며 소비의 힘을 지니고 있는 '그들'이 원하는 가치를 적극적으로 반영해야 한다. 돈의 흐름을 만들어 내는 건 결국 대중들이 원하는 걸 읽어내는 센스와 그걸 반영해 내는 행동력이다.

영트로는 그래서 앞으로 레트로를 이끄는 새로운 개념으로 떠오를 것이다. 소비해야 하는 이유를 만들어 주고, 재미를 주며, 특별해질 수 있는 힙함을 줘야 한다는 사실을 염두에 두면 영트로에 대한 이해는 충분하다. 트렌드는 명확하다. 인지하고 움직이는 건 우리의 몫이다.